Marizilda Fleury Donatelli

ADOÇÃO E SEGREDO:
A HISTÓRIA DE MARCOS

SATTVA EDITORA

contato@sattvaeditora.com.br
www.sattvaeditora.com.br

Edição: **Vivian Lerner**

Projeto gráfico, diagramação e capa: **Monalisa**

Revisão: **Olenka Franco**

Adoção e Segredo: A História de Marcos

Dados Internacionais de Catalogação na Publicação (CIP)
Agência Brasileira do ISBN - Bibliotecária Priscila Pena Machado CRB-7/6971

D677 Donatelli, Marizilda Fleury.
Adoção e segredo : a história de Marcos / Marizilda Fleury Donatelli. — São Paulo : Sattva, 2019.
147 p. ; 21 cm.

ISBN 978-85-67977-39-3

1. Adoção - Aspectos psicológicos. 2. Família. 3. Crianças adotadas - Relações com a família. I. Título.

CDD 155.445

Marizilda Fleury Donatelli

ADOÇÃO E SEGREDO:
A HISTÓRIA DE MARCOS

SATTVA EDITORA

2020

AGRADECIMENTOS

Ao meu marido, Flavio Marassi Donatelli, meu maior incentivador, por sua paciência e afeto, sempre presentes no decorrer desta jornada.

À Profª. Dra. Marília Ancona Lopez, pela disponibilidade, carinho e confiança sempre demonstrados, cuja contribuição foi determinante para a realização deste trabalho.

À Profª. Dra. Helena Rinaldi, pela delicadeza ao aceitar fazer o prefácio deste livro.

Aos meus pacientes, que compartilharam comigo suas vidas, permitindo a realização deste livro e possibilitando meu crescimento pessoal e profissional.

APRESENTAÇÃO

Quem, ao se deparar com o mistério da existência humana, já não se perguntou: de onde venho? para onde vou? Essa questão básica está presente em todo ser humano e aparece com frequência na literatura, nas artes e em outras manifestações culturais. Ela ressoa no âmago de cada um e ora surge em tons carregados de ansiedade, ora em tons plenos de esperança.

Sobre ela se debruçam pesquisadores que buscam respostas em investigações desenvolvidas no âmbito da Biologia e das demais Ciências da Vida; físicos procuram compreender a origem da vida estudando o universo, no qual o planeta e a humanidade estão inseridos. Filósofos tomam o mistério da existência como base para suas reflexões e para o desenvolvimento de seus sistemas. As religiões e os diferentes movimentos espirituais oferecem possibilidades explicativas para o mistério da vida após a morte: continuidade da existência, constantes renascimentos, metamorfoses que produzem diferentes formas de existir... Explicações aceitas ou rejeitadas por posicionamentos culturais e pessoais. Rejeições e aderências carregadas de dúvidas.

É exatamente a impossibilidade de encontrar uma resposta concreta, objetiva e verificável, que atenda às exigências da lógica, o que caracteriza a angústia existencial gerada pela pergunta sobre o sentido da vida, sobre seu início e término.

O fato é que o nascimento de uma criança, ao fazer emergir essa questão fundamental da existência, a traz envolta em um ambiente de maravilhamento, felicidade e curiosidade. Uma pessoa surgiu, e os pais são partícipes de sua criação. Alguém veio ao mundo através deles, carregando consigo heranças de um passado habitado por avós, bisavós, trisavós, tetravós e inúmeros outros que, embora desconhecidos e perdidos no tempo, participaram e participam da constituição desse novo ser. Daí as perguntas: com quem se parece? De quem vêm essas feições? De sua família? Da minha? De quem?

Marizilda Donatelli se interessou por esse assunto nos atendimentos em seu consultório psicológico e nas supervisões realizadas nas clínicas psicológicas da Universidade Paulista - UNIP. Transformou em tema de pesquisa o que observava e, baseada em Estudo de Caso, desenvolveu no Programa de Pós-Graduação em Psicologia da Pontifícia Universidade Católica de São Paulo - PUC/SP sua tese de Mestrado, que tive a satisfação de orientar. Finalmente, o trabalho acadêmico de Marizilda Donatelli foi reescrito de forma romanceada, preservando a identidade dos participantes da pesquisa, mas mantendo toda a densidade do que foi vivido por um casal e seu filho adotivo. A exposição das reflexões da psicóloga e de suas decisões sobre como atender o menino e os pais no decorrer do processo psicológico revelam as múltiplas facetas da questão da origem em casos de adoção.

É essa conjunção de prática clínica e reflexão, fundamentada em uma abordagem fenomenológica da Psicologia, que dá uma qualidade especial ao livro de Marizilda Donatelli. Ele é interessante e útil para pais que adotaram ou pretendem adotar crianças, para psicólogos e profissionais que lidam com casos de adoção e para todas as pessoas interessadas pelo tema e por questões relativas ao mistério da vida humana.

São Paulo, 10 de outubro de 2019

Marilia Ancona Lopez

PREFÁCIO

Sensibilidade. Leveza. Generosidade. É como consigo definir o que a leitura deste livro causa. Foi como ele me tocou. Nele, Marizilda nos conta uma história sobre um menino, Marcos, que foi adotado, e as vicissitudes do processo de aceitação de "ser adotado". Mais além: relata a importância de conhecermos nossa própria origem, drama humano que nos persegue ao longo da história da humanidade.

Inicia com a história de Édipo; a de Cristo; a do Rei Arthur da Távola Redonda; a questão do sentido de nossa origem, da nossa vida e dos segredos que permeiam as famílias, dificultando o processo de adoção – não por conta da adoção em si mesma, mas por conta dos "não ditos". É um caso em que os pais decidiram não contar ao filho sobre a adoção. Generosamente, Marizilda compartilha conosco suas reflexões, reflexões possíveis, atendendo casos como o apresentado no livro, assim como divide suas angústias e sentimentos.

Já no início da história de Marcos, surge a sombra que acompanha a mãe desde os primeiros cuidados com a criança; o roubo do menino para que tivesse um "segredo só dele" – e a sombra junto ao casal, que não podia revelar seu segredo. Um pai que não podia gerar filhos e uma mãe saudável ressentida e magoada. Um pai também ressentido e magoado, que se sente mutilado e sem sentido na vida. Tudo vai se entrelaçando na narrativa.

Outra sombra: conviver com a adoção. Isso seria conviver com a impossibilidade de gerar. Nasce um bebê, que será um filho "verdadeiro" e não se falará nunca sobre a adoção. Mais sombras: que heranças trará esse filho? Qual a sua história anterior à adoção? Pai preso, terceiro filho de uma mãe adolescente que não pôde criá-lo... Como será esse menino no futuro? Muitos fantasmas não conversados atravessam essa família. Dúvidas que não poderiam sequer ser pensadas.

A adoção não afastou tantas sombras. Mascarou-as. A aparente felicidade com a chegada e o crescimento de Marcos não evitou o sentimento da criança de não pertencimento naquela família... O pequeno roubo que cometeu foi apenas o disparador da crise que se instala no decorrer do livro. Ilumina e atiça as sombras sobre suas origens, sua herança, e o sentido da adoção para o casal também.

Marizilda nos fala não apenas sobre as angústias da família, mas também da impotência dos pais diante da impossibilidade de contar ao menino sobre a adoção. Da agressividade desse pai que não pode aceitar sua infertilidade. De uma mãe que busca alternativas mas tem muita dificuldade para se opor ao marido. Como lidar com a própria impotência nesse caso?

Na trama de sentimentos e ressentimentos é que se passa a história contada nesta obra, de extrema sensibilidade e delicadeza. Não se trata de uma história corriqueira propriamente. Mas pode ser frequente em casos parecidos e demonstra a importância de não esconder das crianças sua adoção. Ou qualquer verdade da família que implique na construção da identidade da criança. Como falar sobre a adoção? E como não falar sobre isso, fazendo de um tema, que deveria ser corriqueiro, um segredo de tão grande proporção? Por não poder ser falado?

Como não se emocionar com uma não fala tão eloquente como a de Marcos nas sessões? O "segredo" do que acontece nas sessões com a psicóloga? O não brincar? Uma afetividade contida, que revela muito. O trabalho da psicóloga junto aos pais, na tentativa de revelar o que está tão velado – e tão evidente?

Inevitavelmente, o casal se rompe, cada um caminhando numa direção diferente. O desfecho da história não vem ao caso aqui. O encanto está no caminho percorrido até o desfecho, as brigas, agressões, temores, reconhecimento da "verdade". Acusações, culpas, silêncios. A verdade como um ato de amor, a mentira como desamor. Caminho necessário para abrir nossas possibilidades, despertar potencialidades e liberar a criatividade não só de Marcos, mas de toda a família. Inclusive poder se mostrar frágil e inseguro.

Foi um psicodiagnóstico interventivo, na abordagem fenomenológica existencial. Existe literatura sobre o tema, de modo que é possível, a quem assim desejar, aprofundar-se tecnicamente no assunto. A autora explica ao final como se caracteriza esse tipo de atendimento, em que "a compreensão do psicólogo sobre o caso tem que fazer sentido para o cliente" (p. X). Na leitura, pode-se perceber essa construção conjunta – mesmo sendo uma história ficcional.

Finaliza fazendo algumas reflexões sobre adoção. Faz um paralelo entre as fantasias comuns para a maioria dos pais biológicos e adotantes, desmistificando a ideia de que somente os últimos têm fantasias sobre a "herança genética" de seus filhos: ainda que as diferenças ambientais e emocionais sejam grandes e surjam problemas específicos ao longo do desenvolvimento da criança, nos casos de adoção – reais e imaginários. Pois os pais não podem garantir a origem do filho. As implicações emocionais, biológicas e sociais da decisão/ escolha pela adoção são profundas e muitas vezes imprevistas pelos adotantes. Lidar com elas é um ato de amor, desse amor que deverá ou deveria permear a vida da criança adotada, "filha do coração". É permitir que esse filho se sinta verdadeiramente amado e pertencente a uma nova história, mesmo com a ruptura biológica que ocorreu na sua própria história.

Este é o sentido dessa narrativa: é possível uma adoção bem-sucedida. E é possível nós, psicólogos, atuarmos em prol de um trabalho que busque essa adoção feliz e realizada, trazendo crescimento para todos os participantes do enredo. Entendemos a adoção como a possibilidade de um casal, bem como de uma criança, formarem uma família através de vínculos afetivos, ainda que não consanguíneos. Esperamos que, com um trabalho preventivo e também interventivo, algumas questões relacionadas à adoção possam ser problematizadas, e que adotar uma criança possa ser vivido com menos problemas e mais satisfação para ambos os lados. Com escolhas e renúncias, e com amor.

Helena Rinaldi Rosa

SUMÁRIO

INTRODUÇÃO

De onde viemos?

Para onde vamos?

Qual o sentido de nossa existência?

ÉDIPO

A respeito da história de Édipo, um oráculo preveniu Laio que seu filho o mataria e casaria com sua esposa, ou seja, com a própria mãe. Quando esse filho nasceu, seu pai mandou que o amarrassem em uma árvore de cabeça para baixo até morrer. Porém, o menino foi encontrado por pastores que o entregaram a Políbis, rei de Corinto. Este cuidou da criança como se fosse seu filho e deu-lhe uma educação refinada.

Quando Édipo chegou à idade adulta, disseram-lhe que havia um mistério a respeito de sua origem. Édipo perturbou-se e quis a todo custo conhecer a verdade. Para isso, foi a Delfos consultar o oráculo. Lá, ficou sabendo que estava destinado a matar seu pai verdadeiro e a casar com sua mãe. Édipo decidiu não voltar à sua terra, para que a profecia não se concretizasse. Assim, seguiu por um caminho contrário ao de sua terra natal.

Apesar disso, mesmo tendo feito de tudo para evitar seu destino, no caminho encontrou-se frente a frente com Laio, que estava em uma carruagem puxada por muares. Um dos seus servos desacatou Édipo, provocando uma briga na qual Édipo matou Laio, sem saber ser ele seu verdadeiro pai. Deste modo, sem que desse conta, cumpriu-se a primeira parte da profecia. Com a morte de Laio, Creonte, pai de Jocasta, subiu ao trono.

À época, havia uma esfinge que amedrontava a região, por ter corpo de leão e cabeça de mulher. A esfinge propunha enigmas aos viajantes e, se eles não os decifrassem, devorava-os. Essa situação incomodava a todos, especialmente a Creonte, que prometeu o trono e a mão de Jocasta a quem eliminasse a esfinge. Esta propôs a Édipo um enigma e ele decidiu que o decifraria:

"Qual é o ser que no começo da vida anda com quatro pés, no meio da vida com dois pés e no fim da vida com três pés?"

Se o enigma não fosse decifrado por Édipo, a esfinge o devoraria, caso contrário ela se aniquilaria.

Édipo respondeu tratar-se do homem que, quando nasce, engatinha, depois anda com os dois pés e, no final da vida, se apoia em uma bengala, o terceiro pé. A esfinge, raivosa, despedaçou-se. Édipo foi proclamado Rei e casou-se com Jocasta, com quem teve quatro filhos. O reino governado por ele prosperava, quando um oráculo lhe revelou a verdade trágica, estava casado com sua mãe. Assim que o incesto foi revelado, Jocasta tomada pela dor e pela vergonha se suicidou, enforcando-se. Édipo furou os próprios olhos, por ter sido cego ao não reconhecer a própria mãe. Creonte retomou o trono e Édipo deixou os filhos ao seu cuidado, assumindo uma vida errante, acompanhado apenas por sua filha Antígona. Édipo morreu em Colono, após anos de peregrinação.

Enfim, Édipo desesperou-se ao conhecer sua origem, pois teve que se confrontar com a dor, a vergonha, a desobediência a preceitos e valores morais relacionados com o incesto.

CRISTO

A origem divina de Cristo, adotado por José, aparece em seus relacionamentos com seus pais e com as outras pessoas. Frequentemente em sua fala há referência a algo que não pertence a ele ou a este mundo, que está para além dele, muito mais forte e poderoso.

Embora pouco conhecimento se tenha sobre a infância de Cristo, há uma passagem bíblica que ilustra esse ponto:

> Ora, anualmente iam seus pais a Jerusalém para a festa da Páscoa. Quando ele atingiu doze anos, subiram, segundo o costume da festa. Terminados os dias da festa, ao regressarem, permaneceu o menino Jesus em Jerusalém, sem que seus pais o soubessem; pensando, porém, estar ele entre os companheiros de viagem foram caminhando e então passaram a procurá-lo entre os parentes e conhecidos; e, não o tendo encontrado voltaram a Jerusalém à sua procura. Três dias depois o acharam no templo, sentado no meio dos mestres, ouvindo-os e interrogando-os. E todos que o ouviam muito se admiravam de sua inteligência e das suas respostas. Logo que seus pais o viram, ficaram maravilhados; e sua mãe lhe disse: Filho, por que fizeste assim conosco? Teu pai e eu, aflitos estamos à sua procura. Ele lhes respondeu: Por que me procuráveis? Não sabíeis que me cumpria estar na casa do meu Pai? Não compreenderam, porém, as palavras que lhes dissera. E desceu com eles para Nazaré; e era-lhes submisso. Sua mãe, porém, guardava todas essas coisas no coração. E crescia Jesus em sabedoria, estatura e graça, diante de Deus e dos homens. (Evangelho de São Lucas, 2,41-52)

Essa passagem coloca mais uma vez a questão da origem. Seus pais conheciam a verdade, mas a frase do filho os impacta...

Na história de Cristo aparece certa facticidade, certa destinação. Cristo, entretanto, se apegou o tempo todo à sua origem divina como forma de aceitar o seu destino. Nessa origem, Ele encontrou um solo firme. Na medida que existe um Pai celeste, princípio de tudo, que o espera após sua morte na terra, a morte se descaracteriza, não é mais o final de tudo. Ao contrário, ela é percebida como um momento de transformação, como uma passagem para outra vida, melhor. Esse "saber de Cristo" possibilitou a aceitação dos sofrimentos terrestres, uma vez que tinham um sentido no plano de seu Pai e não no plano terrestre.

REI ARTHUR

Já a vida do Rei Arthur desenvolveu-se de forma diferente.

Diz a história que seu nascimento se deu numa época em que o mundo da magia, das fadas, das bruxas resistia à entrada do cristianismo.

Sua mãe biológica, Igraine, pertencia a uma linhagem do mundo das Deusas, e casou com o duque Gorlois, cristão, com quem teve uma filha, Morgana.

Havia um Rei, Uther, que se apaixonou tanto por Igraine que adoeceu. O mago Merlin foi levado até ele e se dispôs a atender seu desejo de ter Igraine, desde que em troca lhe desse uma única coisa. Fizeram um pacto e o Rei foi introduzido no castelo, onde Igraine, objeto de seu desejo, o confundiu com o marido, em virtude da arte do mago. Nessa noite ela concebeu uma criança. Seu marido morreu em uma batalha e o Rei Uther casou-se com ela. A exigência do Mago era de que a criança fosse criada por outros pais. Assim foi feito. A criança foi criada por Sir Ector e por sua mulher Flavila.

Anos se passaram; o Rei Uther morreu, o reino ficou à deriva e, em meio à anarquia existente, todos os cavaleiros foram chamados para orar na igreja mais importante de Londres. Ao saírem da missa encontraram no pátio da igreja um grande bloco de mármore atravessado por uma espada, cuja inscrição dizia que, se um cavaleiro conseguisse retirá-la, seria o Rei da Inglaterra por direito de nascimento.[1]

Todos os cavaleiros do reino tentaram retirar a espada, mas não conseguiram.

Sir Ector e seus filhos, o cavaleiro Sir Kay e Arthur, iam para uma festa na cidade. Num determinado momento Sir Kay percebeu que estava sem sua espada e Arthur se dispôs a buscá-la.

Chegando em casa, não a encontrou, enfureceu-se e decidiu que não deixaria seu irmão sem espada, que cavalgaria até a igreja e retiraria a espada da pedra para oferecê-la ao irmão. E assim o fez. Vendo a espada, Sir Ector e seu filho pediram a Arthur que a recolocasse no lugar, o que ele fez com muita facilidade. Ambos tentaram retirá-la e não conseguiram, mas o jovem a tirou de novo, normalmente. Sir Ector disse então a Arthur que ele deveria ser o novo Rei da Inglaterra e contou-lhe sobre sua origem e adoção, mesmo com medo de perder seu afeto. Muitos cavaleiros do Reino não aceitaram Arthur como Rei. Discutiram sua origem e o chamaram de bastardo, uma vez que havia dúvida se era mesmo filho do Rei Uther ou do duque Gorlois, primeiro marido de Igraine, sua mãe. Foi preciso muita luta, muita batalha e a ajuda do Mago Merlin para Arthur, finalmente, assumir seu reinado. Bredley (1989, p.238) cita uma fala de Arthur que retrata seus sentimentos em relação à adoção:

> Tudo isso é estranho para mim. Sempre pensei que Ector fosse meu pai e Flavila minha mãe. É claro que eu sabia que havia

---

1 Muitas lendas envolvem o nome do rei Arthur e várias versões são dadas a seus feitos. Sua história é contada por vários autores que diferem quanto aos nomes dos personagens envolvidos, assim como em relação a alguns acontecimentos. Neste livro exponho uma versão baseada na obra de Leonardos, S., *Os cavaleiros da távola redonda, 1972* e de Bradley, M. Z. *As brumas de Avalon, senhora da magia (Livro I)*

> algum segredo e, como Ector não me falava sobre ele, pensei que devia ser algo vergonhoso, que eu fosse um bastardo, ou pior. Não me lembro de Uther, meu pai. Nada. Nem de minha mãe, realmente, embora por momentos, quando Flavila me castigava, eu costumasse sonhar que tinha vivido num outro lugar, com uma mulher que me mimava e depois me afastava.

Em cada uma dessas histórias, de Édipo, Cristo, Arthur, a questão da origem assume significados diferentes. Com o Rei Arthur ocorreu o contrário do que aconteceu com Édipo. Para Édipo, o conhecimento de sua origem desencadeou uma tragédia; Arthur, por sua origem, pôde ser Rei; e Cristo, cumprir a missão definida por seu Pai.

Durante anos, em minha atuação como psicóloga, atendi casos de adoção. Seu manejo foi difícil, não pela adoção, mas pelo fato de que, em muitos deles, deparei-me com segredos familiares que impediam a fluidez nas relações, mantendo muitos limites e fronteiras entre seus membros.

Este livro pretende compartilhar com psicólogos, estudantes de Psicologia e pessoas interessadas no tema, minhas experiências na clínica psicológica, e começa com uma narrativa.

O ROUBO

Era uma tarde ensolarada do mês de março, um dia quente, céu azul, sem nuvens. Marcos morava com sua mãe e seu pai em uma grande casa com balanço, piscina e churrasqueira. Marcos tinha 9 anos, poucos amigos, era magro e com uma fisionomia ligeiramente abatida e pálida. Em seu olhar havia uma profunda tristeza. Naquele dia, sentado no deck da piscina de sua casa, pensava em como era estranho estar ali. Embora tivesse tudo que uma criança gostava de ter, muitas vezes se sentia infeliz, insatisfeito, nada do que fazia parecia realmente agradá-lo.

Na escola, Marcos era quieto, não fazia amizades com facilidade, embora fosse um aluno brilhante. Os professores admiravam sua inteligência e a rapidez com que aprendia as coisas. Entretanto, ele tinha sempre uma expressão carregada, um olhar triste e perdido no espaço. Seus colegas tinham algum receio de aproximar-se dele, pois parecia nervoso e bravo. As pessoas com quem convivia percebiam seu distanciamento e certa estranheza em seu comportamento. Ninguém, entretanto, comentava nada.

Marcos, sentado no deck, pensava nas tarefas que precisava fazer para levar à escola no dia seguinte. Foi interrompido por sua mãe:

"Marcos, Marcos venha já aqui!"

Ele continuou sentado e sua mãe insistiu um pouco mais irritada:

"Marcos, venha já aqui!"

Marcos levantou-se e ao entrar em casa percebeu sua mãe visivelmente brava. Tinha o rosto vermelho, gesticulava muito e falava alto. Sem qualquer preâmbulo, Fernanda, sua mãe, disse que queria saber onde estava o dinheiro que tinha deixado sobre o aparador da sala no dia anterior para o pagamento da diarista. Marcos respondeu que não sabia. Nervosa com a negativa do garoto, Fernanda disse saber que ele tinha pego o dinheiro e precisava confessar o acontecido, caso contrário, ela contaria ao pai dele. Marcos continuou negando e Fernanda mais exasperada, mostrou-lhe balas, chocolates, apontador e lápis que havia encontrado em sua mochila e perguntou onde tinha conseguido aqueles objetos e guloseimas. Marcos, pego de surpresa, ficou paralisado por alguns instantes. Logo se recuperou e disse à mãe ter ganhado de um colega da escola. Fernanda, cada vez mais nervosa, gritou que ele estava mentindo. Marcos chorou e falou de sua tristeza por ela não acreditar e não confiar nele e que ele a odiava por isso. Em seguida saiu correndo e trancou-se no quarto.

Fernanda, atônita, não sabia o que pensar. Ela se perguntava por que um menino que tinha tudo, cujas vontades eram sempre atendidas, precisava "roubar" dinheiro em sua própria casa. Questionava-se na tentativa de entender por que ele precisava "roubar", se bastava pedir.

O que se passava na cabeça desse menino?

Fernanda começou a chorar, e a sombra que a acompanhava desde os primeiros cuidados com Marcos instalou-se e foi se avolumando até tornar-se uma pressão insuportável em sua cabeça.

Decidiu contar tudo isso ao marido, quando ele chegasse à noite. Pensou que não podia assumir aquela responsabilidade sozinha, mas juntos, saberiam o que fazer.

Marcos, trancado em seu quarto, refletia sobre as consequências do que tinha dito. Seu quarto era grande. As paredes eram forradas com um papel de parede azul, tinha uma estante branca, brinquedos, fone de ouvido, livros. Tinha uma escrivaninha com duas cadeiras, porta lápis, computador e abajur. Os pufes de seu quarto pareciam duas bolas de futebol. O chão era de piso frio e vários tapetes o cobriam.

Ali, sozinho, sentado no chão, o garoto temia que a mãe falasse com o pai. Nutria um grande afeto pelo pai, identificava-se com ele, achava que ele era um herói e não queria decepcioná-lo. Mas, ao mesmo tempo, nem sempre se sentia bem ao seu lado, ficava um pouco tenso, queria ser como ele e sabia que ele, o pai, também queria isso. Mas não conseguia, não conseguia ser como seu pai e temia perder seu afeto.

Seus pensamentos eram confusos, não entendia bem por que tinha pego o dinheiro. Sua mãe estava certa, e ele sabia que podia ter pedido para seus pais e eles lhe dariam o dinheiro.

Com o dinheiro que pegou, Marcos tinha comprado as balas e os chocolates, que não comeu. Era tudo uma confusão, mas no fundo sentia certo prazer, o prazer de fazer escondido, sem que ninguém soubesse. Naqueles momentos, ninguém podia vigiá-lo, ninguém estava junto, ninguém estava vendo...

Marcos sentia-se esquisito, seus sentimentos se misturavam: angústia, culpa, prazer, medo e ansiedade entre outros. Obviamente, nenhum deles era claro para o menino, mas ele vivia sensações de prazer e desprazer, conforto e desconforto.

Por sua vez, Fernanda, embora fosse uma mulher bonita e cuidada, com um rosto harmonioso, estava pálida e com olheiras profundas. Fechada em seu agradável quarto, remoía suas angústias.

Fernanda gostava de ficar naquele quarto escolhido por ela e, mais que isso, era uma parte dela. Naquele dia, entretanto, o lugar não lhe dava o conforto de que precisava. Estava triste, preocupada e, embora tivesse vontade de chorar, não conseguia. Estava engasgada, tremendo e muito, muito ansiosa.

Perguntava-se sobre o comportamento de seu filho, se sua

atitude era sinal de que alguma coisa estava errada com ele.

E pensava no que ela sempre temia, mas não expressava para ninguém, nem para si mesma. Não conseguia pensar com clareza e ficava cada vez mais angustiada. Não via a hora de seu marido chegar.

Marcelo, seu marido, era executivo de uma grande empresa multinacional, tinha uma agenda lotada. Passava pouco tempo em casa e seu maior contato com a esposa e com o filho era durante o final de semana. Marcos era tudo o que sempre sonhara: bonito, esperto e muito, muito inteligente. Marcelo tinha orgulho em dizer que o menino era parecido com ele. Tinha os mesmos olhos expressivos, o mesmo formato do rosto. Era tudo o que ele tinha sido e seria, no futuro, tudo o que ele era. A perspectiva de chegar em casa e permanecer algum tempo com o filho o animava.

Fernanda ouviu quando Marcelo parou o carro na garagem de sua casa e apressou-se em abrir a porta. Beijou-o levemente nos lábios e, atropelando as palavras, narrou os fatos da tarde. Contou-lhe que o dinheiro deixado sobre o aparador no dia anterior tinha sumido e de sua certeza de que Marcos o havia pegado, pois na mochila tinha encontrado objetos e chocolates que ele não poderia adquirir sem esse dinheiro.

Marcelo, aturdido, perguntou se havia falado com Marcos e ela confirmou. Marcelo aborreceu-se com a situação, disse que falaria com o garoto e Fernanda quis estar presente. Chamaram o menino e indagaram sobre o dinheiro, mas ele continuou negando que o tivesse pegado. Fernanda, desesperada, disse que se não tinha sido ele, nem os empregados, nem ela, nem o marido, teria que chamar a polícia para uma investigação. Marcos, chorando, admitiu ter pegado o dinheiro. Alegou que queria ter um segredo, um segredo só dele, e comentou ter comprado os doces e objetos que a mãe encontrou em sua mochila e que guardou o restante em uma caixinha escondida.

Os pais ficaram surpresos e, no momento, decidiram que o menino teria que devolver o dinheiro com sua mesada. Marcos disse não se importar e que poderiam até deixá-lo sem mesada nenhuma. Saiu correndo e chorando de volta para seu quarto.

Fernanda e Marcelo permaneceram calados por alguns instantes. Em seguida Fernanda começou a balbuciar algumas palavras reveladoras de seus temores. Marcelo irritou-se e pediu que ela se calasse. Disse-lhe que, mais uma vez, ela queria tocar em um assunto encerrado por ele nove anos antes. Fernanda insistiu e o marido enfureceu-se. Apesar disso, ela comentou ser necessário fazer alguma coisa por eles e pelo garoto e, como ele não queria falar no assunto, ela tinha uma proposta: levar o menino a um psicólogo para verificar se havia algo de errado com ele.

Marcelo relutou, disse não entender a razão pela qual ela queria revirar um passado já encerrado. Fernanda argumentou que o passado não estava encerrado, que o passado voltava, estava voltando e, por conta disso, ela temia o futuro. O marido falou que iria pensar no assunto.

Naquela noite dormiram mal, permaneceram acordados e calados. No dia seguinte, Marcelo disse a Fernanda que procurasse um psicólogo para Marcos.

AS LEMBRANÇAS

Pela manhã, Fernanda levantou-se, tomou café junto com o filho, colocou um vestido leve e, imersa em seus pensamentos, entrou no carro para levar Marcos à escola.

No trajeto tudo voltou à sua memória. Foi uma menina criada em uma família de classe média alta. Seu pai era engenheiro e tinha um cargo executivo em um banco. Assim, Fernanda, filha única, teve sempre suas vontades atendidas. Viajou, usou roupas de grife e usufruiu de tudo que queria. Foi uma adolescente sem muitas crises, relacionava-se bem com os pais. Teve muitos amigos e fazia sucesso com os rapazes na escola.

Aos 15 anos, iniciou um namoro com um colega da escola chamado Pedro. O relacionamento durou sete anos. Foi um relacionamento conturbado, repleto de idas e vindas, pois os dois eram muito jovens. Aos 19 anos, Fernanda entrou na faculdade, no curso de arquitetura, e logo fez amizades. Foi lá que conheceu Marcelo. De imediato, Marcelo chamou-lhe a atenção. Era um rapaz bonito, inteligente, cursava engenharia. Ambos participavam dos esportes, encontrando-se com frequência. Marcelo também tinha uma namorada há vários anos.

Pouco a pouco, Fernanda passou a se desinteressar pelo namorado, achava-o imaturo, sem iniciativa, não estava feliz ao seu lado. Um dia, resolveu terminar o relacionamento, embora soubesse que sofreria muita pressão por parte de sua família, da família do namorado e dele mesmo. De fato, terminou o namoro e todos tentaram convencê-la do contrário, mas ela se manteve firme em sua decisão. Após o rompimento, percebeu-se sozinha, mas mesmo assim não se arrependeu. Fez o que achava que devia ser feito.

Num dia de inverno, frio e chuvoso, Fernanda estava na biblioteca da faculdade quando viu Marcelo entrar. Ele perguntou-lhe o que fazia ali, pois aquela biblioteca era específica para os alunos da engenharia. Ela respondeu que sua pesquisa era sobre hidráulica e elétrica. Marcelo ajudou-a na tarefa e, ao saírem, foram tomar um café. O encontro foi muito agradável e ela soube que ele também tinha terminado seu relacionamento amoroso. Daí em diante o namoro foi muito rápido. Ambos se apaixonaram, curtiam cada momento em que estavam juntos. Marcelo era dois anos mais velho e estava no último ano da faculdade. Formou-se e logo arranjou um emprego. Tudo parecia ir muito bem e começaram a pensar em casamento. Foi um período muito feliz e Fernanda adorava lembrar-se dos preparativos para o casamento e de tudo que aconteceu no dia mais feliz de sua vida: escolher a igreja, o buffet, a festa, a música, a decoração etc... tudo era um sonho, um sonho muito feliz.

Passaram a lua de mel na Europa e, ao retornarem, foram morar em um apartamento de três quartos que tinham mobiliado. Estavam contentes com a nova vida.

Dois anos se passaram e Fernanda começava a pensar em ter filhos. Parou de tomar anticoncepcionais e foi ao ginecologista para conversar sobre gravidez. O médico solicitou vários exames e garantiu que sua saúde estava em perfeita ordem para engravidar. Fernanda tinha a sensação de que engravidaria logo.

A NOTÍCIA

No mês seguinte ela ficou menstruada. Apesar de estar um pouco decepcionada, sabia que deveria ter paciência porque nem sempre se engravida rapidamente. Os meses, contudo, foram passando e já fazia um ano que Fernanda tentava engravidar e nada acontecia.

Nesse período, conversou com seu médico algumas vezes. Ele sempre a acalmava dizendo-lhe que aquela demora era normal. Após um ano, o profissional pediu exames mais específicos. Fernanda fez todos e nada de concreto foi diagnosticado. Mesmo assim o médico deu-lhe hormônio para estimular a ovulação e pediu para anotar sua temperatura diariamente em uma tabela. Fernanda fez tudo o que ele mandou, e mesmo assim, não engravidou. Novos exames, novos remédios, novo médico, este especialista em fertilização.

O médico especialista pediu que seu marido também fizesse alguns exames e explicou a necessidade de descartar que o homem tivesse algum problema.

Marcelo reagiu mal diante do pedido. Questionou o médico, dizendo que não havia motivo para fazer exames, pois com certeza se existia algum problema, nada tinha a ver com ele. Certamente era uma pessoa saudável e sempre tinha sido. A situação no consultório médico tornou-se um pouco tensa. O médico tentava explicar a necessidade dos exames, Marcelo o questionava e Fernanda esforçava-se por acalmar o marido.

Ao saírem do consultório, Marcelo estava muito nervoso e aborrecido. Fernanda, por sua vez, argumentava que achava a situação muito injusta. Ela já tinha feito vários exames, alguns bastante constrangedores. Lembrou-o de quando tinha que ter relações sexuais e, imediatamente após, ir ao laboratório para coleta de material. Disse a ele que estava se sentindo sobrecarregada, que a responsabilidade por engravidar era toda dela e que ele não parecia querer assumir nada, nem mesmo fazer exames.

Ambos permaneceram calados pelo resto do trajeto até sua casa. Ao chegarem Marcelo fechou-se no escritório e Fernanda permaneceu em seu quarto. À noite, o marido comunicou a Fernanda que marcaria os exames, apesar de considerá-los desnecessários.

Os exames foram realizados e, quando Marcelo recebeu os resultados, aconteceu o pior. Abriu os exames e, embora não os compreendesse totalmente, percebeu que os laudos relatavam sua esterilidade, apresentava azoospermia. Inicialmente ficou agressivo, raivoso e zombou do resultado. Ligou para o médico, agrediu-o, mas marcou uma consulta, pois queria explicações. Fez nova consulta, repetiu os exames e finalmente veio o veredito: Marcelo não podia gerar filhos.

O casal enfrentou um período de bastante turbulência, Marcelo fechou-se em si mesmo. O homem alegre, brincalhão e comunicativo, tornou-se sisudo, falando pouco e bastante ressentido com as pessoas e com a vida.

Passaram-se dois anos, dois anos de angústia, discussões, desentendimentos e decepções de parte a parte.

O CONFLITO

Fernanda oscilava em seu estado de ânimo. Algumas vezes sentia-se deprimida, não tinha vontade de fazer nada, não saía de casa, a não ser que fosse absolutamente necessário. Em outros momentos, convencia-se que tudo tem uma solução e ambos, ela e o marido, encontrariam uma saída para suas vidas. Marcelo, por sua vez, evitava qualquer assunto que se referisse a filhos. Sentia-se muito mal, percebia-se como mutilado, deficiente, como se faltasse uma parte de si mesmo. Ele, contudo, não queria falar sobre seus sentimentos com sua mulher. Temia que ela sentisse pena, compaixão dele e se calava. Tinha um profundo sentimento de vazio dentro de si, a sensação de que o mundo, antes tão hospitaleiro e acolhedor, tornara-se inóspito e sem sentido. Guardava tudo para si, era um homem amargo e tenso. Fernanda e Marcelo distanciaram-se um do outro. Viviam juntos, mas, de certo modo, eram desconhecidos.

Em diferentes ocasiões, Fernanda tentou buscar soluções. Abordou temas como a inseminação artificial, leu sobre inseminação a partir de doadores desconhecidos. Marcelo não queria ouvir o assunto. Jamais permitiria que o sêmen de outro homem fecundasse sua mulher. Fernanda argumentava que essa era uma posição machista e egoísta, pois ele a privava da possibilidade de ser mãe. As discussões eram acaloradas, chegavam a brigar, agredir-se verbalmente, atitudes difíceis de serem esquecidas. Em uma dessas ocasiões, Fernanda disse que ela não queria "pagar" pela infertilidade dele, pois o problema não era dela. O profundo ressentimento em relação ao marido veio à tona. Foi uma explosão de ódio e revolta. O que estava escondido se descortinou. A briga foi séria e Marcelo disse que era melhor se separarem, já que Fernanda pensava assim. Ao ouvir isso, ela caiu em si. Não era o que queria. Apesar de todas as dificuldades, amava Marcelo, percebia o quanto ele sofria. Novas desculpas e brigas sucederam-se, sempre o mesmo assunto: ter ou não ter filhos.

Quando a adoção era mencionada, Marcelo reagia. Dizia que não sabia se estava preparado para criar o filho de outra pessoa. Fernanda o acusava de não querer nada, de não aceitar nenhuma possibilidade, não propor nada. O silêncio dele a irritava. Choro, decepções, angústia, a situação estava cada vez mais conturbada, havia sempre uma sombra entre eles: não poder ter filhos. Sombra forte e silenciosa. O tempo passou, o casal conviveu entre altos e baixos.

A DECISÃO

Num dia de outubro, no meio da tarde, Marcelo telefonou à esposa, convidando para jantar. Fernanda estranhou o convite, mas aceitou. Foram a um restaurante que há algum tempo queriam conhecer.

Marcelo estava diferente, com um sorriso nos lábios, mais falante, alegre. Conversaram sobre trivialidades. Em dado momento, Marcelo disse que queria fazer um brinde: um brinde ao filho que teriam. Fernanda não acreditou no que ouviu!

"Que filho?"

"Como o teriam?"

Marcelo disse que adotariam uma criança. Tinha se informado e, em Santa Catarina, um certo hospital, às vezes, oferecia crianças, cujos pais não as podiam criar. Acrescentou que iriam até lá, adotariam a criança e fariam tudo como se o bebê fosse filho biológico deles. Fernanda argumentou que essa seria uma adoção ilegal e talvez não fosse a melhor conduta. Marcelo mostrou-se irredutível, só adotaria uma criança desse modo. Fernanda perguntou-lhe o porquê dessa posição e ele disse que queria a criança como filha deles "de verdade", que adotariam e esqueceriam a adoção. Fernanda não entendeu direito a que Marcelo se referia, contudo estava tão feliz que resolveu aceitar suas condições. Afinal, há tanto tempo desejava ouvir aquilo, e achou melhor não colocar nenhum empecilho.

Passaram a fazer planos, organizar a viagem, preparar o enxoval, o quarto do bebê e a preparar os familiares para receberem a criança. Não foi fácil. Os pais de Fernanda aceitaram relutantes a decisão do casal. Os pais de Marcelo tiveram reação um pouco mais calorosa em relação à adoção. Na verdade, Marcelo nunca havia contado que era estéril e continuou não contando quando disse que adotariam uma criança. Seus pais ficaram surpresos com a notícia, tentaram saber o porquê e, em dado momento, sua mãe sugeriu que talvez Fernanda não pudesse ter filhos, Marcelo não confirmou nem negou. Fernanda ia dizer que não era ela, mas foi interrompida pelo marido. Fernanda percebeu que Marcelo não queria falar a verdade, preferia deixar algo no ar e aceitou a situação. Estava eufórica, feliz com a possibilidade da maternidade. Naquele momento, nada mais importava para ela.

Tudo passou como um turbilhão. Os momentos de ansiedade e expectativa faziam com que alguns incômodos não parecessem importantes.

A ADOÇÃO

Foram para Santa Catarina e conversaram com um médico, que os colocou em contato com uma gestante jovem. Tinha 17 anos e esse já era seu terceiro filho. Disse que seria um menino e não tinha condições de criá-lo porque o pai estava preso e não podia colaborar financeiramente com a educação do garoto. Era uma jovem bonita, o que agradou bastante aos pais adotantes. Eles perguntaram sobre os cuidados dela na gestação, se havia feito pré-natal e se alimentava bem. Perguntaram sobre sua vida e a jovem contou que vinha de uma família com muitos filhos e muito pobre. Disse que estava na escola, cursava o ensino médio, mas nos últimos meses não, já que tinha que trabalhar para sustentar os dois outros filhos, já que o pai estava preso. O casal perguntou sobre o motivo da prisão. Ela respondeu que ele tinha sido preso por assalto a mão armada. Disse que eles se conheciam desde crianças, que há dois anos ele se envolveu com "más companhias" e acabou participando de um assalto que culminou em sua prisão. Na ocasião ela estava grávida e resolveu, então, dar a criança em adoção.

O menino nasceria na semana seguinte. Fernanda e Marcelo deram dinheiro para a jovem, fizeram compras e tudo o que estava ao alcance deles para que o final de gravidez fosse confortável e a criança nascesse bem, sem nenhum problema.

Os dias demoraram a passar, mas o casal sentia-se unido, em uma proximidade que não viviam há muito tempo. Conversavam o dia inteiro, faziam planos para o filho que iriam ter. Segundo Marcelo, o menino seria "um filho verdadeiro". Fernanda perguntou o que isso queria dizer. Marcelo falou que o menino jamais deveria saber sobre a adoção. Ela levou um choque.

"Como jamais saberia? Outras pessoas sabiam, poderiam contar... não seria melhor que soubesse por eles?"

Marcelo foi irredutível, ninguém contaria, ele não saberia, assunto encerrado. A posição do marido a abalou. Ficou confusa, mas não pensou sobre isso naquele momento, não queria que nada ofuscasse o brilho daqueles dias, da relação que se estabelecia entre eles. Há tempo não era tão feliz. Deixaria as preocupações para depois, tinha certeza que Marcelo mudaria de ideia após o nascimento do bebê.

Na semana seguinte, Marcos nasceu forte e saudável. Fizeram todos os exames, inclusive de AIDS e outras doenças. Ficaram muito satisfeitos com os resultados. Era de fato um menino saudável. A mãe não quis ver a criança, que foi logo alimentada por meio de mamadeira, e após dois dias de nascida saiu do hospital. O casal permaneceu por quinze dias em Santa Catarina, esperando o bebê se fortalecer um pouco para viajar. Parecia um conto de fadas, ambos se revezavam nos cuidados com o menino.

Todas essas lembranças passavam pela cabeça de Fernanda. A chegada do bebê, tão lindo e indefeso. Relembrar aquelas sensações iniciais era muito bom. Um misto de amor, preocupação, medo e muito mais.

Ela se recordava que era angustiante não saber como tinha sido a gravidez, não ter acompanhado a gestação. Não sabia se a mãe tinha sido bem alimentada, se a mãe tinha higiene, se era ou não promíscua. O pai estava preso. Pensava que os antecedentes do menino não eram "bons", mas procurava esquecer isso. Ponderou que, quando uma pessoa fica grávida e gera um filho biológico, conhece seus antecedentes. Entretanto, quando adota uma criança eles são desconhecidos e possivelmente nunca serão conhecidos. Pensou ainda que uma gravidez implica inicialmente em uma abstração, ou seja, a pessoa diz "vou ter um filho", mas isso não é visível, não é palpável. Passam-se os meses e o que era abstrato vai se concretizando por meio da mudança do corpo, enfim de tudo que envolve o nascimento de uma criança.

Há um tempo para que a mãe e também o pai se acostumem com a chegada da criança. Não é o que ocorre na adoção, pelo menos não foi o que ocorreu com ela. De um momento para o outro o marido decidiu adotar, viajaram, o nenê nasceu, tudo muito rápido e, de repente, ela estava com um bebê nos braços, que deveria criar. Sim, de fato tudo acontecera num turbilhão.

FERNANDA

Fernanda foi se acostumando com o bebê a quem amava muito. Ele engordava dia a dia, embora não tivesse sido amamentado no seio materno. Fernanda consolava-se, pois muitas crianças biológicas também não foram amamentadas. Ela acompanhava o desenvolvimento do garoto que foi se tornando forte, esperto, fazia muitas gracinhas e isso, para ela, era uma garantia de que tudo transcorria bem.

De vez em quando Fernanda se perguntava quem eram de fato seus pais biológicos. Embora tivesse conhecido a mãe, sabia muito pouco sobre ela. Tinha alguns temores:

"Como seria o seu filho no futuro?"

"Ficaria parecido com ela e com o marido?"

"Será que 'puxaria' os pais biológicos? Seu pai era um criminoso. Será que isso influenciaria seu comportamento futuro?"

Esses pensamentos provocavam sentimentos de angústia e ansiedade. Assim, procurava livrar-se deles. No entanto, observava Marcos diariamente, seus comportamentos, seu desenvolvimento e cuidava para que tudo ocorresse de forma a ter controle da situação. Fazia de tudo para que Marcos se identificasse com ela e com seu marido.

Fernanda tentava compartilhar seus pensamentos com o marido, mas este não deixava o assunto prosseguir. Dizia que tudo isso era bobagem, que o garoto era filho deles, inclusive parecia-se fisicamente com ele, e o passado não existia na vida do menino. Reafirmava sua disposição de que Marcos nunca deveria saber sobre sua adoção. Quando Fernanda tentava discutir o assunto, era interrompida pelo marido, que não ouvia seus argumentos. Fernanda, apesar de não concordar, se calava. Não conseguia enfrentar Marcelo. Fernanda queria saber o que se passava na cabeça dele, mas Marcelo não falava. Sentia-se sozinha, pois assuntos referentes à adoção não podiam ser mencionados. Na verdade, refletia Fernanda, quando souberam que não poderiam ter filhos porque ele era estéril, seu casamento foi colocado em risco, e abriu-se um abismo entre eles. Depois decidiram adotar e, nesse período, se uniram, o casamento revitalizou-se, estavam próximos como nos primeiros tempos de namoro. Afinal tinham conseguido o que mais queriam: ter um filho. Fernanda se perguntava por que as coisas entre eles não continuavam assim, por que não se sentia próxima de Marcelo. Não chegava a uma conclusão, sentia que havia um muro entre eles, um muro intransponível.

Fernanda, quando soube que seu marido era estéril, oscilava em seus sentimentos. Por um lado, tinha pena de Marcelo, por ele ser estéril, e sentia certo alívio por não ser ela a responsável por não terem filhos. Por outro lado, sentia raiva, ódio mesmo, pois com seu problema ele a impedia de ser mãe biológica.

Além de tudo, ele se colocava numa posição superior, como se fosse inatingível, como se estivesse num pedestal e a impedia de chegar até ele; mas, desde que Marcos tirara um dinheiro deles, ela se perguntava sobre o marido:

"Quem ele pensa que é? Afinal, não tem nem mesmo a possibilidade que o mais simples dos mortais tem, ou seja, não pode ter filhos."

Os mais remotos sentimentos, aqueles que estavam escondidos e que durante muitos anos não tinha tido coragem de assumir como seus, agora voltavam com muita força. Marcos tinha tirado dinheiro, levado para a escola, comprado coisas e escondido o restante. Seus olhos se encheram de lágrimas e mais uma vez se perguntou:

"Será que meus mais íntimos temores estão se concretizando?"

"Será que isso demonstra a influência da família biológica em meu filho?"

Fernanda refletia sobre a dificuldade de "ter que dividir" o filho com pessoas desconhecidas. Ou ainda em reconhecer no filho características que não pertenciam nem a ela, nem a Marcelo.

Não era só difícil, era assustador. Mais e mais perguntas surgiam:

"Será que Marcos poderia ter herdado genes que determinariam seu caráter?"

Percebia que desconhecia uma parte do filho e lidar com o desconhecido era algo temerário. Decidiu, naquele momento, que faria duas coisas: uma delas era levar Marcos a um psicólogo, quer o marido quisesse, quer não. Acreditava que se havia alguma coisa errada com o menino, ela consertaria por meio de um atendimento psicológico. A outra, era pesquisar na internet se a genética influenciava o comportamento das pessoas, principalmente o caráter.

Fernanda voltou e em casa foi direto para a internet. Obviamente, lá encontrou de tudo. Havia vários sites falando da "herança biológica" e de como os pais adotantes sentem a herança biológica como uma sombra que permeia o seu relacionamento com os filhos. Encontrou também opiniões afirmativas, segundo as quais a genética influencia o comportamento das pessoas. Outros sites diziam o contrário, que o cuidado, o afeto e o exemplo materno e paterno influenciam o comportamento do ser humano e não a genética. E daí por diante. Fernanda ficou mais confusa, não gostava de nada com tantas possibilidades. Tinha uma visão mais objetiva da vida, do mundo. As coisas funcionavam de um jeito ou de outro. Chegou à conclusão de que as leituras tinham adiantado muito pouco. Depositou suas expectativas de resolução do problema no psicólogo. Talvez ele pudesse esclarecer a situação. Conversaria com Marcelo à noite.

Marcelo foi trabalhar, mas também estava preocupado com o filho. O que teria acontecido com Marcos para tomar aquela atitude? Novamente pensou que o menino tinha todas as suas vontades atendidas.

"O menino queria dinheiro, por que não pediu?"

Marcelo não tinha resposta para aquela pergunta. No fundo de sua mente alguns pensamentos surgiam, mas imediatamente eram afastados, não podiam existir nem ser considerados.

MARCELO

Marcelo também relembrou os acontecimentos importantes de sua vida. Lembrou-se da felicidade do início do casamento e depois da decepção, da humilhação quando soube que não poderia ter filhos. Jamais passou pela sua cabeça algo assim acontecendo com ele. Teceu em pensamento considerações sobre o que é, o que significa gerar uma pessoa ou pelo menos o que significava para ele ser pai, e depois não poder ter filhos.

Nunca tinha se preocupado com isso simplesmente porque achava que tinha essa possibilidade e sua mulher engravidaria como ocorre na vida de todo mundo. Nunca considerara a possibilidade de não poder ter filhos. Desde pequeno sabia que temos órgãos destinados à reprodução e isso não era passível de discussão. Não estava preparado para enfrentar o fato de ser estéril. Quando recebeu esse diagnóstico experimentou inúmeros sentimentos: espanto, surpresa, susto, negação e raiva.

Inicialmente não acreditou no que ouviu, afinal o resultado do exame podia estar errado.

Em consulta, o médico explicou que o fator masculino representa 25% a 30% dos casais inférteis, e a infertilidade pode ser adquirida ou congênita. Poderia estar relacionada com ausência testicular, distrofia muscular, anemia falciforme, caxumba, doença hepática, doença renal, drogas etc... A azoospermia também poderia ser genética e caracterizar-se por anormalidades cromossômicas. De acordo com o médico, esse era o seu caso. Não havia tratamento possível. Marcelo ouviu isso como uma sentença de morte. De certo modo, algo nele morreu. Era muito difícil reviver tudo isso. Foram dias, meses, anos muito difíceis. Ele não conseguia nem mesmo descrever tudo que tinha sentido. A notícia abalou seu equilíbrio. Toda sua vida parecia ter desmoronado e nada tinha sentido, nem sua mulher, nem seu casamento, nem o trabalho, muito menos os bens materiais. Foi um mergulho no nada. Passou a sentir um vazio que nada nem ninguém podia suprir. Não encontrava motivação para nada. Foi um período de muito sofrimento em que não havia conexões nem com o passado nem com o futuro. Também não havia presente.

Não conseguia pensar, não havia perspectiva e não conseguia tomar nenhuma decisão. Sua mulher insistia em que fizesse algo para solucionar essa situação. Ela falava sobre inseminação com doador anônimo, sobre adoção, trazia reportagens, contudo ele não conseguia nem prestar atenção às palavras dela, tal era o turbilhão que o envolvia.

Ele sabia que durante dois anos tinha sido uma péssima companhia, estava sempre longe, sempre distante e pensativo, remoendo sua situação de homem estéril.

Não sabia dizer quando ou por que algo tinha mudado. A mudança não foi repentina. Pequenas coisas, ao longo de dois anos, foram fazendo com que surgisse o desejo de adotar uma criança. Tinha ponderado sobre a inseminação com doador desconhecido, mas não queria que Fernanda gerasse uma criança, que a criança nascesse dela. Podia ser uma posição egoísta, mas se ele não podia gerar um filho, ela também não poderia. Tinham que estar em igualdade de condições.

Quando soube de sua infertilidade, sentiu-se diminuído, inferiorizado. Ficou envergonhado, não conseguia encarar sua mulher. Parecia que todos o olhavam para ridicularizá-lo, como se estivesse escrito em sua testa: "sou meio homem, não posso ter filhos". Sua masculinidade e sua sexualidade foram afetadas. Sentia-se impotente na vida e sexualmente. Foi um período muito difícil, que conseguiu superar e decidir-se pela adoção. Antes de dizer à esposa o que tinha resolvido, pesquisou na internet sobre a adoção, onde e como adotar. Tomada a decisão, experimentou um sentimento de felicidade que há muito tempo não sentia. Conversou com Fernanda a respeito e, conforme sua expectativa, ela aceitou a ideia prontamente.

Foram para Santa Catarina receber um menino cuja mãe não podia criar e estava disposta a dar em adoção. Sabia que o procedimento era ilegal, mas pretendia pegar o menino e registrá-lo em seu nome como se fosse seu filho biológico. Ele nunca saberia sobre a adoção.

Lembrou-se de tudo que ocorreu ao chegarem a Santa Catarina e também de sua alegria quando o bebê nasceu. Sentiu-se renovado, toda a sombra e amargura que tinha permeado sua vida nos últimos dois anos se dissipou. Pensou sobre o cuidado a ser tomado, especialmente com as pessoas próximas, para que ninguém jamais contasse ao menino sobre a adoção. Além disso, percebia-se preocupado com o fato de o pai biológico de Marcos estar preso. Será que isso estaria no sangue, pensava Marcelo. Imediatamente tirava o pensamento de sua cabeça, não queria que nada atrapalhasse sua felicidade.

O bebê nasceu forte e saudável, passou por todos os exames e o levaram para casa. Foram dias felizes, cheios de surpresas e tudo transcorria sem anormalidades. Marcos teve um desenvolvimento dentro do esperado, foi para escola, aprendia com facilidade e até fisicamente se parecia com Marcelo, o que o deixava orgulhoso. Era a prova definitiva de que o garoto era mesmo seu filho.

Agora, entretanto, algo tinha acontecido. Marcos tinha tirado dinheiro deles. Marcelo se perguntava o porquê, qual a razão para aquele comportamento. Não tinha resposta, mas sentia-se temoroso, perguntava-se se esse comportamento poderia ter alguma relação com o fato de o pai biológico ter sido preso por assalto. Essa dúvida passava pela sua cabeça e ele buscava afugentá-la, pois não queria que nada atrapalhasse o mundo tão perfeito construído para si e sua família. Não achava possível que isso pudesse acontecer e, assim, quando esses pensamentos o acometiam, procurava rechaçá-los.

Tinha concordado com sua mulher quanto ao fato de consultarem um psicólogo. Isso o confortava, pois se havia alguma coisa errada, agiriam para coibi-la. Fariam um tratamento, certamente o psicólogo daria um jeito nisso.

MARCOS

Marcos foi para a escola, mas não conseguia se concentrar nas aulas. Estava triste e sabia que tinha deixado seus pais tristes. Tinha decepcionado o pai de quem tanto gostava e aborrecido muito sua mãe. Mas não sabia por que tinha feito aquilo. Marcos na verdade queria que seus pais soubessem que ele tinha tirado o dinheiro deles. Estava confuso, experimentava sentimentos ambivalentes, ou seja, por um lado, estava triste por tê-los decepcionado, por outro lado sentia certo prazer. Marcos gostava de seus pais, mas sentia certo desconforto quando estava com eles e não sabia bem por quê.

O pai queria que ele fizesse e gostasse de tudo que ele, pai, fazia e gostava. Por vezes ele não queria ou não gostava de algo, mas sentia-se obrigado a atender ao desejo do pai. O futebol, por exemplo, seu pai gostava, mas ele não. Mesmo assim tinha de fingir que gostava, tinha até que jogar futebol, sem achar a menor graça nisso. Vivia inventando desculpas para não ir aos treinos, mas não adiantava. Gostava de música e sua mãe até o tinha colocado para aprender a tocar guitarra, o que seu pai não aprovava.

A mãe era boazinha, fazia tudo o que ele queria. Mas em alguns momentos ele a surpreendia observando-o e não entendia o que ela estava pensando. Uma vez ela fez uma coisa que o deixou muito desconfiado. Ela contou uma história de um menino nascido de uma mãe que não podia criá-lo e esta pediu que outro casal o fizesse, pois eles tinham mais dinheiro e poderiam dar uma vida muito melhor ao garoto. Marcos lembrou-se de que se sentiu muito ansioso e angustiado ao ouvir essa história e perguntou à mãe se aquela história era a dele. Acrescentou que se fosse sua própria história ele iria embora e nunca mais voltaria. A mãe deu uma gargalhada e ele se lembrava dessa risada. Segundo o menino parecia de "bruxa"; ela disse que aquela história não era a dele, que era para não se preocupar com isso. Mas a história ficou em sua cabeça, sentia-se estranho, sentia que havia algo errado ou diferente entre ele e seus pais. Na verdade, muitas vezes Marcos imaginava que tinha de fato outra mãe e outro pai. Em sua fantasia esses outros pais eram mais "bacanas" que Marcelo e Fernanda. Eles o aceitavam do jeito que ele era e não precisava fingir que gostava de coisas que de verdade não gostava. Também pensava que esses outros pais eram melhores, eram reis, pessoas muito ricas e poderosas.

Era até gostoso e reconfortante pensar essas coisas. Isso acontecia em geral quando era repreendido ou obrigado a fazer o que não queria. Quando se aborrecia com o pai ou a mãe, imaginava ter outros pais que jamais o aborreceriam, com os quais nunca passaria por situações desagradáveis.

Marcos tinha a sensação de não pertencer à família, como se houvesse uma música harmoniosa, que repentinamente desafinasse. Assim se sentia muitas vezes, como uma nota desafinada e mais: achava que todos percebiam sua desafinação. A sensação de ser estranho o levava a se afastar das pessoas, inclusive de seus colegas. Tinha muita vontade de ter amigos, mas se retraía na companhia deles, pois acreditava que todos percebiam o quanto ele era "diferente".

Na sala de aula, destacava-se por ser um aluno brilhante. Seu desempenho era ótimo, principalmente nas matérias exatas. Isso fazia com que os colegas o vissem como um garoto inteligente, que sempre tirava boas notas e o admiravam por isso. No entanto, procurava estar sempre no controle das situações, não era espontâneo e mantinha certa distância dos outros. Queria ser amigo de todos, fazer o que todos faziam, mas não conseguia, e os meninos acabavam considerando-o estranho e solitário.

Até entre seus familiares, com os primos, não conseguia se enturmar. Parecia que sabiam de algo e não compartilhavam com ele. Achava que falavam dele e, quando chegava perto, mudavam de assunto. Isso não acontecia somente com as crianças, mas também com os adultos. Suas tias e avós tinham sempre um olhar desconfiado em relação a ele. Gostavam dele, mas não era como dos outros primos e netos. Pelo menos era isso que achava, assim se afastava um pouco de todos. Seu recuo reforçava a posição reticente das pessoas e intensificava a sensação de que não estava bem, e as pessoas sabiam e comentavam algo sobre ele que ele mesmo não sabia. No fundo sentia como se existisse nele algo desconhecido, ao qual não tinha acesso.

Tudo isso era muito difícil para ele e agora tinha mais aquela situação do dinheiro. Não sabia o motivo pelo qual tinha feito aquilo. Agora seus pais estavam muito bravos e pensava no que podia acontecer. Sua mãe tinha falado em chamar a polícia, o que o tinha deixado com muito medo. O pai tinha ficado muito infeliz com ele. Agora tinha que resolver tudo isso. O menino se perguntava sobre o que fariam seus pais, qual ou quais seriam suas punições, estava assustado consigo mesmo pelo que tinha feito.

Voltou-se para a aula, pois a professora estava chamando seu nome e toda a classe rindo. A professora perguntou-lhe onde estava, já que parecia ausente. Marcos desculpou-se e ficou com muita vergonha.

Era a última aula e o sinal tocou. Sua mãe iria busca-lo e ele ficou aflito com isso, pois não queria encará-la. Saiu da sala e fez uma hora no pátio, antes de ir até a porta da saída verificar se a mãe estava lá.

Ouviu seu nome sendo chamado e se aproximou da saída. Entrou no carro, cumprimentou a mãe e ela perguntou como tinha sido seu dia. Ele apenas respondeu:

"Normal."

A mãe retrucou dizendo:

"O que é normal?"

Mais uma vez ele disse:

"Normal é normal."

Sua mãe começou a falar que diante do acontecido, do que ele tinha feito, ela e o pai decidiram levá-lo a um psicólogo, para que este verificasse se havia algo de errado com ele. Marcos reagiu e disse que não era "louco" para ir ao psicólogo. Fernanda pacientemente explicou que não se tratava disso, mas que muitas vezes as pessoas tinham dificuldades na vida e precisavam de alguém para ajudá-las. Acrescentou que o psicólogo era a pessoa certa para fazer isso. Marcos tentou argumentar e sua mãe disse que iriam todos, ele, ela e seu pai, pois eles também precisavam de ajuda, por não saber como agir naquela situação. O menino então se calou, mas sentia-se muito mal, tinha muitos temores e também vergonha de outra pessoa, uma estranha, saber o que ele tinha feito.

Ao chegar em casa, Marcos foi direto para seu quarto. Ligou o computador e colocou um jogo que adorava. O jogo, entretanto, não prendia sua atenção, ele errava toda hora e começou a ficar irritado. Parou de jogar, ligou a televisão, procurou um programa que gostava de assistir, mas naquele dia ele também não parecia tão interessante. Deitou na cama e ficou olhando para o teto, ouviu sua mãe chamá-lo, mas não respondeu. Escutou seus passos em direção ao quarto, fechou os olhos e fingiu que dormia. A mãe entrou no quarto e o chamou para que almoçasse, ele ainda tentou permanecer como se estivesse dormindo, mas a mãe "o acordou". Não teve jeito, Marcos teve que descer para almoçar. Durante a refeição sua mãe tentava iniciar algum assunto, mas ele respondia monossilabicamente, não queria falar.

Assim, o dia passou angustiante e sem graça. No dia seguinte iriam ao psicólogo e ele estava com medo. Num dado momento encorajou-se e perguntou à mãe o que o psicólogo iria falar ou fazer. Fernanda então lhe disse que não devia se preocupar, pois inicialmente só iriam ela e o pai dele. O menino suspirou aliviado, teria mais um tempo para enfrentar essa situação. Momentos depois, contudo, sua angústia ressurgiu. Começou a pensar que falariam dele sem sua presença. Dúvidas passaram por sua cabeça:

"O que falariam dele?"

"Será que depois seus pais lhe diriam o que tinham conversado?"

"Como o psicólogo reagiria quando soubesse o que ele fez?"

"Será que iria castigá-lo de alguma forma?"

Esses pensamentos o deixaram nervoso, instável e ansioso. Foi falar com sua mãe e disse que queria ir junto com eles ao psicólogo, mas a mãe explicou que nesse primeiro dia isso não era possível, só o casal iria.

O dia arrastou-se lentamente e à noite Marcos estava tão cansado que, ao deitar, dormiu profundamente. No dia seguinte foi para a escola sabendo que naquela manhã os pais iriam ao psicólogo.

O INÍCIO DO ATENDIMENTO PSICOLÓGICO

PRIMEIRO ATENDIMENTO COM PAIS

Após uma noite mal dormida, Fernanda levou Marcos para a escola e voltou para casa. Encontrou o marido já vestido, tomando café da manhã. Ela arrumou-se. Estavam calados, preocupados e ansiosos.

Chegaram ao consultório da psicóloga indicada por uma amiga, com quinze minutos de antecedência. Aguardaram e foram recebidos, entraram e olharam a sala: três poltronas, um divã, escrivaninha com três cadeiras, um armário, uma parede forrada e dois quadros. A psicóloga indicou poltronas para sentarem e sentou-se em outra. Disse que nessa entrevista de cinquenta minutos queria conhecer as razões pelas quais eles a procuraram. Acrescentou que a entrevista era sigilosa e ao final conversariam sobre os procedimentos que poderiam ser adotados. Perguntou, então, o que os trazia para à consulta.

Marcelo assumiu a palavra e contou o ocorrido. Ele falava rapidamente e muitas vezes juntava algumas sílabas, levando a psicóloga a pedir que repetisse a frase. Em alguns momentos Fernanda tentava interferir, mas o marido a ignorava e continuava seu discurso.

Marcelo contou que o garoto tinha tirado o dinheiro deles, levado para escola, comprado alguns doces e canetinhas e escondido o restante num buraco no deck da piscina. Comentou que, quando questionado, negou o ocorrido e só confessou o que tinha feito quando a mãe o pressionou, e falou em chamar a polícia.

A psicóloga indagou se o menino já tinha tirado algo de

alguém da família ou da escola. Os pais negaram, disseram que nunca notaram nada e ninguém tinha se queixado disso. Rosana, a psicóloga, perguntou por quê, se nunca tinham tido essa queixa antes, tinham logo procurado uma profissional. Foi mais além, perguntou do que tinham medo. Nesse momento houve um silêncio que, embora de alguns minutos, pareceu durar horas.

Mais uma vez, Marcelo rompeu o silêncio e falou:

"É que ele é adotado."

A psicóloga perguntou qual era a relação entre a adoção e o fato ocorrido. Disse-lhes que isso não tinha ficado claro para ela.

Dessa vez, foi Fernanda quem falou. Ela contou que o pai biológico de Marcos na época da adoção estava preso por assalto e temiam que a mãe fosse prostituta.

Rosana insistiu no fato de que ainda não entendia a relação entre o comportamento do menino e os antecedentes dos pais biológicos.

Marcelo, um pouco exaltado, falou sobre seu temor de algo hereditário, algo de "sangue" que pudesse interferir, ou seja, temiam que Marcos "puxasse" os pais biológicos.

A psicóloga pediu que contassem por que adotaram Marcos e como tinha sido esse processo.

Os pais fizeram um relato minucioso. Contaram as tentativas para que Fernanda engravidasse, quando souberam da impossibilidade de Marcelo ter filhos, a decisão de adotar e, por fim, a adoção propriamente dita.

Rosana consultou o relógio e informou que o horário estava esgotado. Propôs a realização de um psicodiagnóstico interventivo, ou seja, ela veria o menino e os pais para compreenderem juntos o que acontecia. Discutiu preço, horário, duração e, depois de tudo combinado, pediu que retornassem, somente eles, os pais, no próximo dia agendado.

Antes de encerrarem o atendimento, o pai disse a Rosana:

"Tem mais uma coisa: ele não sabe que foi adotado e você está proibida de contar!"

Rosane assegurou aos pais que contar sobre a adoção não era sua função e que ela estava comprometida com eles, pois todos os relatos durante o atendimento estavam sob sigilo profissional.

Os pais se despediram. Rosana refletiu sobre a frase dita pelo pai, principalmente sobre a forma como foi dita, carregada de ameaça e agressividade. Pensou sobre quais seriam as suas motivações, o que havia por trás daquela ordem imperativa de que a verdade sobre a adoção deveria ser escondida do menino a qualquer preço.

Suas observações preliminares giraram em torno da adoção e do fato de ser um segredo só citado no momento em que a sessão estava terminando. Dispôs-se a investigar mais a questão da adoção e de que forma influenciava a relação entre pais e filho.

O casal, ao sair do atendimento, permaneceu calado até a casa. Quando chegaram, despediram-se e Marcelo foi trabalhar.

A sensação de Marcelo era de inquietude e raiva. Ele se perguntava a razão para contar a uma estranha fatos tão importantes de sua vida. Não gostava de lembrá-los, queria deixá-los distantes dele e principalmente do seu filho.

Ao mesmo tempo sabia que, se escondesse os fatos, a psicóloga não conseguiria entender qual a razão do comportamento do menino, por que ele tinha roubado o dinheiro. Mais ainda, queria saber se essa conduta era hereditária e, se fosse, como poderia coibi-la.

Passou o resto do dia com uma sensação ruim, de exposição, de perda de controle da situação. Estava acostumado a dar ordens, decidir e controlar tudo e todos. Seu desconforto era grande e por várias vezes pensou em desistir da psicóloga. Mas sabia que isso não era prudente, precisava controlar a situação, precisava controlar seu filho e por essa razão devia continuar.

Fernanda também voltou do consultório angustiada, infeliz. Por um lado, não queria lembrar-se de tudo aquilo. Perguntava-se se era isso mesmo que desejava: remexer um passado que estava quieto e não incomodava. Temia rever tudo e despertar sentimentos já acomodados, cada um em seu lugar. Por outro lado, queria o melhor para o filho, queria saber qual motivo o levara a pegar o dinheiro deles, queria ajudá-lo, queria saber como lidar com a situação. Fernanda achava que a psicóloga daria todas as respostas e, desse modo, enfrentaria o sacrifício de entrar em contato com tudo que havia enterrado em seu íntimo.

Marcos também estava ansioso. Quando a mãe foi buscá-lo na escola esperava que ela lhe dissesse alguma coisa sobre a consulta. A mãe, entretanto, não disse nada e o garoto ficou cada vez mais ansioso e curioso. Ambos estavam silenciosos. Em dado momento, Marcos rompeu o silêncio e perguntou à mãe como tinha sido a consulta, se ela havia contado para a psicóloga o que ele fez e o que ela tinha dito.

Fernanda estranhou a pergunta. Em geral Marcos era calado e agora parecia uma "metralhadora" disparando muitas perguntas ao mesmo tempo. Respondeu que, para a psicóloga poder ajudá-lo, tinham que contar os fatos acontecidos. Marcos não queria que contassem, sentia vergonha e quase chorou. Seu semblante estava tenso e carregado.

Fernanda procurou consolá-lo, explicou-lhe novamente que a psicóloga poderia ajudá-lo e, para isso, eles tinham que contar a verdade.

Marcos não disse mais nada. Quando chegou em casa foi

para seu cantinho predileto e ficou lá boa parte do dia, às vezes pensando em tudo que tinha acontecido, em outras vezes não pensando em nada.

A semana transcorreu como todas as outras. No fim de semana foram andar de bicicleta no parque, almoçaram em um restaurante, visitaram os avós. As coisas pareciam mais calmas e eles menos ansiosos, era como se houvesse uma trégua na turbulência vivida anteriormente.

No domingo, a proximidade da nova consulta psicológica reascendeu sentimentos e angústias.

SEGUNDO ATENDIMENTO COM PAIS

No dia combinado, Fernanda e Marcelo compareceram novamente ao consultório da psicóloga.

Rosana comentou que gostaria de conversar longamente com eles e possivelmente não daria tempo de terminar a conversa naquela sessão. Nesse caso, eles viriam ainda mais uma vez antes que ela visse a criança. Marcelo disse que buscaram o atendimento para o garoto e não para eles. A psicóloga explicou novamente que precisava conhecer a história do garoto e de sua família, para compreendê-lo a partir de sua história. Acrescentou que qualquer recurso psicológico teria de ser entendido a partir do contexto vivido por Marcos. Além disso, reafirmou que, em sua ótica, os pais estão envolvidos nas dificuldades da criança e os via como coparticipantes do processo psicodiagnóstico. As informações que eles tinham e sua vivência com o garoto eram de fundamental importância para compreender Marcos.

Fernanda manteve-se calada. Sua expressão facial mostrava certo constrangimento. Parecia aborrecida ao ver o marido questionar a psicóloga, como se ela estivesse errada e somente ele estivesse certo. Ela se chateava profundamente nessas ocasiões, achava que Marcelo se via como o "dono da verdade", como se estivesse "acima do bem e do mal", como se pudesse mandar em todos para que fizessem sempre o que ele determinava.

A psicóloga perguntou sobre os dados de identificação do garoto e de sua família. A seguir, perguntou sobre a adoção e eles repetiram em parte o que já tinham contado na sessão anterior. Contaram como se conheceram, sobre o desejo de engravidar, sobre a dificuldade de engravidar, sobre a decisão de adotar e sobre a adoção propriamente dita.

Marcelo mostrou-se mais fechado, limitando suas respostas ao que tinha sido perguntado; já Fernanda fez um longo e emocionado discurso, em muitas ocasiões interrompido por seu marido. Marcelo mantinha um semblante fechado, constrito, e censurava visivelmente muitas falas de sua mulher. Especialmente quando se referiam aos exames e tratamentos médicos aos quais ela tinha se submetido na tentativa de engravidar e posteriormente sobre a descoberta da infertilidade do marido. Havia na sala uma tensão sentida como algo concreto, algo que pairava e pesava ali como se tivesse uma existência real, física.

Houve um momento em que Marcelo disse para Fernanda calar a boca, ambos discutiram brevemente e a psicóloga fez algumas intervenções no sentido de apaziguar o casal. Foi ficando claro para Rosana que entre o casal havia muita mágoa, muito ressentimento. O "não dito" se fazia presente e influenciava a relação.

A respeito de Marcos, contaram que o desenvolvimento neuropsicomotor, alimentação, sono e sexualidade se dera dentro do esperado.

Fernanda comentou que, antes de Marcos dormir, os pais contavam-lhe uma história. Ao abordar esse tema, a mãe ficou muito nervosa, enrubesceu e disse que contaria algo jamais contado ao marido, mas achava que deveria falar. Disse que uma noite tinha contado para o filho a história de uma criança que não havia saído da barriga da mãe, mas sim de outra barriga, e os pais que o criaram o amavam muito e o tinham escolhido para filho. Disse que Marcos ao ouvir a história havia ficado nervoso e ameaçado ir embora caso aquela história fosse a dele. Fernanda, nesse momento, ficou atemorizada e negou que estivesse se referindo a ele.

Marcelo ficou vermelho de raiva, acusou a esposa de traiçoeira. Disse não acreditar que ela pudesse ter feito isso. A mãe abaixou a cabeça e não falou nada.

Foi uma sessão densa, repleta de informações, expressões e negações de sentimentos, num movimento de vaivém desordenado.

Muito do que foi dito não era novo para o casal, mas a forma como o falaram parecia novidade.

O restante da semana transcorreu sem nenhuma ocorrência de maior peso. O casal, entretanto, tomou cuidado para estar sempre, ou na maioria das vezes, em companhia de outras pessoas. Evitaram, de forma consciente ou não, ficarem sozinhos.

MARCOS, A PSICÓLOGA E OS PAIS

MARCOS E A PSICÓLOGA

Na noite anterior à ida de Marcos à psicóloga pela primeira vez, ele estava triste, ansioso. Não sabia como era ou o que podia esperar, e o que a psicóloga iria fazer ou dizer.

"Será que iria puni-lo pelo que tinha feito?"

"Será que faria algo pior, chamar a polícia como sua mãe tinha dito?"

"O que aconteceria com ele?"

Marcos estava muito assustado e na manhã da consulta não quis ir à escola. Pediu à mãe para ficar em casa, mas ela não permitiu. O garoto obedeceu, mas não conseguia prestar atenção em nada. Havia dentro dele uma sensação desconfortável, um medo daquilo que o esperava.

Fernanda foi buscá-lo e ele se manteve quieto durante o trajeto. Fernanda avisou que, ao chegarem, ele devia tomar banho, almoçar e depois iriam à consulta. Marcos tentou dizer que não queria ir, mas a mãe não o ouviu.

Quando chegaram ao consultório, o menino notou que a sala de espera era ampla, bem decorada, havia revistas para adultos e crianças. Pegou uma revista enquanto esperava, mas não conseguia ler, estava bastante agitado.

Para ele, o tempo demorou a passar, finalmente a porta se abriu e uma mulher de rosto amigável apareceu.

Ela os cumprimentou, trocou algumas palavras com a mãe e pediu que ele a acompanhasse. Marcos estava muito nervoso. Entrou no consultório quieto e assim permaneceu. Olhou os tapetes, a mesa e as cadeiras, as poltronas bem grandes e o armário. Notou que sobre a mesa estava uma caixa de madeira.

A psicóloga se apresentou e perguntou a Marcos se ele sabia por que estava ali, se sabia com o que sua mãe estava preocupada. Marcos fez um sinal negativo com a cabeça. Ela então falou que era psicóloga e que os psicólogos tentam ajudar as pessoas quando estas têm dificuldades em sua vida. Acrescentou que muitas crianças vão ao psicólogo porque são muito bravas, ou porque urinam na cama ou por outras razões. Perguntou ao menino se, depois de saber isso, ele poderia dizer o motivo pelo qual veio à consulta. Marcos se manteve calado. A psicóloga falou que percebia como naquele momento estava difícil para ele falar sobre o assunto e que, em outro momento, voltariam a esse tema.

Falou com Marcos sobre o horário, as atividades e garantiu sigilo. Durante todo o tempo Marcos ficou de cabeça baixa, sem olhar para ela. Somente no momento em que falou do sigilo, ele levantou a cabeça e a olhou nos olhos. Nesse momento perguntou se ela não contaria nada nem para os seus pais e ela garantiu que não. Novamente o menino abaixou a cabeça.

Rosana mostrou a caixa e propôs uma atividade com ela; lá dentro havia brinquedos e ele poderia abri-la e brincar com o que quisesse.

Marcos continuou quieto e imóvel, não disse nada e não abriu a caixa. Rosana reforçou o convite para abrir a caixa, mas Marcos não tomou nenhuma iniciativa. Passados alguns minutos, a psicóloga disse a ele que percebia como era difícil estar ali, mas ela só queria ajudá-lo e se ele não quisesse fazer nada ou não quisesse dizer nada, ela respeitaria.

Mais uma vez, Marcos não disse nada. Permaneceram em silêncio por mais algum tempo. Repentinamente, o garoto perguntou o que havia dentro da caixa. Rosana respondeu que eram brinquedos. Novo período de silêncio. Rosana perguntou se ele queria ajuda para abrir a caixa, acrescentou que percebia sua curiosidade para saber o que havia lá dentro, mas, ao mesmo tempo, por algum motivo que ela desconhecia, temia abrir a caixa. O garoto concordou e pediu que ela a abrisse.

Rosana abriu a caixa e Marcos olhou para dentro dela, sem mexer em nada. Com muito estímulo, Marcos timidamente começou a retirar os objetos da caixa. Inicialmente olhou um quebra-cabeça, manuseou-o e o colocou de lado, fora da caixa. Depois pegou os bonecos da família, olhou-os dentro do saco plástico e também os colocou ao lado da caixa. Manuseou o revólver, os carrinhos de polícia e a ambulância e também os deixou. Assim foi fazendo com todos os brinquedos, ou seja, lentamente pegou um a um, examinou-os, mas não brincou efetivamente com nenhum. A psicóloga disse que ele parecia querer conhecer a caixa e aquilo que ela continha, mas ainda não confiava nela, psicóloga, para se permitir brincar com alguma coisa. O garoto ouviu, não disse nada, mas pegou um jogo de lego, abriu a caixa, tirou as peças e com elas fez um quadrado. Rosana perguntou-lhe, depois de algum tempo, o que era aquilo. Marcos disse que era uma televisão. Rosana perguntou o que estava passando na TV naquele momento. A resposta do menino foi que naquele momento nada estava passando e perguntou se na próxima vez que viesse aqueles objetos ainda estariam na caixa. Ela confirmou. O garoto então disse que na próxima vez passaria um filme e aí ele contaria para ela. Marcos desfez a televisão e utilizou as mesmas peças para fazer outra coisa. Disse que era um bumerangue e o atirou pela sala.

A sessão já estava no fim e a psicóloga combinou um novo encontro para a semana seguinte.

Ambos saíram da sala, Rosana se despediu do menino e de sua mãe, confirmando a data do próximo atendimento.

Chegando ao carro, Fernanda perguntou a Marcos como havia sido seu encontro com a psicóloga.

O menino respondeu: "chato."

A mãe o indagou: "chato como"? "O que você fez lá?"

Marcos então respondeu: "Nada, ela falou que é segredo."

Fernanda: "Como assim segredo, eu sou sua mãe, tenho o direito de saber."

Marcos disse: "Mas eu não fiz nada."

Fernanda percebeu que era inútil continuar perguntando, o menino não iria dizer nada. Sentiu-se um pouco traída por ambos: tanto pelo filho quanto pela psicóloga. Esse fato mobilizou nela sentimentos de ressentimento e raiva. Afinal de contas, ela queria o melhor para o filho, estava preocupada com ele e com o seu comportamento tão inadequado. Ela o havia levado à psicóloga para que ele melhorasse, para que aquilo não acontecesse mais, estava preocupada com seu futuro. E, em troca, Marcos não queria contar-lhe nada do que acontecia lá. Afinal a psicóloga era paga por ela para resolverem a situação e fazia um pacto de segredo com o menino. Sentiu-se excluída. Tinha proposto uma solução que considerava boa para todos, investindo energia na sua realização, e era colocada de lado como alguém que não merece consideração.

Fernanda estava realmente brava, pensou em não dar continuidade ao processo. No decorrer do dia, entretanto, refletiu e considerou que continuaria sim, mas interpelaria a psicóloga, cobraria o fato de manter um segredo com o filho.

O ANIVERSÁRIO

A semana transcorreu sem nenhum outro acontecimento significativo. Pai, mãe e filho permaneceram com suas atividades habituais, mas parecia haver um acordo não dito, ninguém comentou sobre o "roubo do dinheiro" ou sobre o atendimento psicológico. Continuaram como sempre: assuntos difíceis que envolviam temores e frustrações não eram verbalizados, embora seu peso fosse sentido por todos.

Marcos fazia aniversário no final de semana e a festa foi planejada com bastante antecedência. Fernanda pensou em todos os detalhes: levou Marcos para que escolhesse um local a seu gosto, compraram as lembrancinhas, escolheram um mágico para divertir as crianças. Tudo foi feito da forma como Marcos, ela e o marido desejavam. Nesses momentos pareciam felizes e unidos.

A família mais ampla estava presente na festa do aniversário e tanto Fernanda quanto Marcelo conversaram com pessoas que não viam há algum tempo. Em nenhum momento, porém, deixaram de observar Marcos, verificavam se ele estava brincando, se estava comendo, o que fazia etc...

Algumas vezes viram que o menino estava sozinho, pensativo e não parecia se divertir com a festa, embora o local oferecesse várias atrações. Era um buffet infantil, com bastante espaço, máquinas para jogos, tirolesa, boliche e outras coisas de que crianças gostam. Mais uma vez os pais de Marcos se perguntavam por que o filho não sorria, por que nem sempre participava espontaneamente das brincadeiras.

Havia questões sem respostas, um certo desconhecimento sobre Marcos compartilhado por ambos de formas diferentes. Fernanda tinha um sentimento angustiante de algo que não conhecia e, portanto, não podia controlar. Marcelo parecia sentir a mesma coisa, mas negava esse sentimento. Em momento algum aceitava o fato de temer o presente e o futuro do filho em função da adoção. Mesmo na consulta psicológica, tinha encontrado uma forma de afastar essa perspectiva. Marcos sentia o mesmo, tudo era interessante naquele lugar, ele queria muito a festa, tinha pedido tudo aquilo, mas agora que estava lá, não via graça em nada. Ao contrário, estava aborrecido, queria ir para casa, achava os meninos e as meninas desagradáveis e recusou o chamado dos colegas para participar da tirolesa. Sua mãe, por diversas vezes, perguntou a ele se tinha acontecido alguma coisa, se havia brigado ou algo parecido. Ele disse que nada tinha acontecido e a insistência da mãe o contrariava. Quando seu pai interveio, agarrando-o pelo braço e forçando-o a brincar com os amigos, retomou um pouco o contato com eles, a contragosto.

A festa acabou e foram para casa carregados de presentes. Em casa Marcos se alegrou e os desembrulhou com muita curiosidade. Ganhou muita coisa, inclusive um novo videogame, jogos e até outro celular.

Já era bastante tarde e sua mãe pediu que dormisse, pois no dia seguinte teria de acordar cedo. Marcos estava agitado e não queria ir para a cama. Mais uma vez, foi com a interferência do pai que a ordem dada pela mãe foi cumprida.

A nova semana chegou e com ela um novo atendimento psicológico.

MARCOS E A PSICÓLOGA II

No dia da consulta, Marcos foi para a escola e, embora estivesse um pouco menos ansioso do que na primeira vez, mostrava-se disperso e imerso em seu próprio mundo. Por várias vezes foi chamado pela professora sem que se desse conta de que estava falando com ele, era como se não estivesse pensando em nada. Para ele era muito estranho o que acontecia, as pessoas diziam que ele estava no "mundo da lua", perguntavam no que pensava e ele não sabia dizer. Todos acreditavam que Marcos não queria contar, mas não era isso, ele simplesmente não pensava em nada.

A mãe, como fazia todos os dias, foi buscá-lo na escola. Ao

chegarem em casa pediu que tomasse banho e viesse almoçar, pois seu horário com a psicóloga era às 14:30 horas. Chegaram às 14:15 h e tiveram que esperar por algum tempo. Pontualmente às 14:30 a porta da sala da psicóloga abriu-se e Marcos foi convidado a entrar. Encontrou a mesma disposição de móveis da semana anterior e, no chão, as almofadas e a caixa.

Rosana perguntou-lhe como estava e se queria dizer ou contar alguma coisa. Marcos respondeu que não. Olhava insistentemente para a caixa e para a psicóloga e esta lhe disse que podia abri-la e usar o material que ela continha da forma que quisesse. Marcos retirou de dentro da caixa papel e lápis marrom, perguntou se não tinha régua. A psicóloga respondeu que não.

Marcos desenhou um caderno e disse que ele continha as matérias de português, matemática e desenhos como pipa e balão, mas mostrou-se insatisfeito com o resultado da atividade.

Era visível o fato de o garoto ser bastante rígido, com uma tendência ao perfeccionismo, pois lamentava que as linhas não ficavam retas em virtude da falta de régua. Rosana percebeu que, se fosse um pouco mais diretiva, talvez Marcos, embora com dificuldade, pudesse se expor mais. Pensou nisso em função do seguinte diálogo com ele:

"Meu desenho saiu feio, não está reto. Eu queria uma régua."

"Acho que você não está querendo que eu te conheça, não está querendo contar muitas coisas."

"Não."

"Não?"

"Você pode pedir pra eu desenhar uma coisa."

"Entendi: para você é mais fácil que eu peça alguma coisa do que fazer sozinho."

"É."

Rosana disse que fizesse um desenho no qual tivesse uma casa. Marcos desenhou a face esquerda da casa com um pico. A seguir, a face direita, fechando o telhado. Concluiu a base da casa, a porta com fechadura, a janela, os vasos e as flores. A fechadura foi reforçada várias vezes. Quando Rosana pediu para contar alguma coisa sobre a casa, ele disse que era uma casa bonita de propriedade da sua avó e gostaria de morar lá, pois era grande e nela podia brincar bastante. Falou ainda que pai, mãe, tios e tias moravam juntos naquela casa. Tinha um quarto que era o maior e ele gostaria de dormir lá. A respeito da brincadeira disse que brincaria de carrinho, porém, sozinho e encerrou o desenho, pedindo para fazer um outro.

Alguns aspectos da casa chamaram a atenção da psicóloga. Era uma casa grande; desenhada com lápis marrom, dava a sensação de certa aridez, faltava colorido no desenho. A casa era simétrica em tudo, com duas janelas idênticas, uma à esquerda e outra à direita. E parecia ter duas entradas.

A psicóloga teve dúvidas sobre Marcos saber ou não da adoção, mesmo porque isso havia sido contado a ele indiretamente pela mãe e posteriormente negado. O desenho fazia pensar que Marcos retratava a percepção de sua dupla origem: de um lado os pais adotivos e de outro os pais biológicos. Ele parecia perceber a ambivalência associada à sua vida doméstica e às relações familiares. Rosana tinha a sensação que existiam traços de afetividade tanto em seu desenho como em seu comportamento, mas era uma afetividade contida, que não podia ser expressa ou fluir livremente. Marcos era sensível e percebia tudo que se passava a sua volta, assim era possível que mesmo que não lhe fosse dito abertamente, percebesse o conflito de seus pais quanto à adoção. O garoto, portanto, tinha percepções reais que eram negadas por seus pais, e isso o tornava inseguro, confuso, não podendo confiar em si mesmo.

Solicitou, então, o desenho da árvore, que foi feito em seguida. O garoto iniciou pelo tronco. Ao fazer o lado direito da copa, mostrou-se, insatisfeito com o resultado, virou a página em vários ângulos e verbalizou sua insatisfação, mas em nenhum momento usou a borracha ou pegou outra folha. Por fim, pareceu se conformar e desenhou o outro lado da copa, pintou e colocou frutos. Por último pintou o tronco. Então disse:

"Era uma árvore bonita e cheia de frutos e todos que passavam olhavam para ela. Mas um dia um homem resolveu pegar uma maçã e quando a mordeu, tinha um bichinho dentro dela, um bigato. O cara levou um susto e caiu. Quando caiu quebrou o braço e a perna. Quando sarou ficou com raiva da árvore e a cortou. Aí ficou com dó da árvore e plantou outra sementinha e a árvore nasceu de novo."

Rosana disse:

"Entendi. Essa árvore tem duas histórias; primeiro ela existe, é bonita por fora, mas por dentro tem bicho e por conta disso ela é morta, mas depois alguém a ajuda a renascer e ela vive de novo."

Marcos respondeu:

"Ela teve duas vidas".

Rosana estava bastante impressionada com a produção de Marcos. Por meio do desenho e principalmente das histórias que contava, mostrava seu universo, seus sentimentos, ansiedades, desejos e fantasias.

Rosana estava diante de um garoto observador, crítico e sensível. Tinha seguramente bons recursos intelectuais que impulsionavam a observação e percepção. Reconhecia suas possibilidades e orgulhava-se delas. Tinha, também, sentimentos de solidão, abandono e rejeição identificáveis em sua história. Rosana rememorou leituras sobre adoção e lembrou-se que muitos autores diziam que as crianças adotadas têm fantasias de abandono, pois foram deixadas pela mãe ou pai biológicos, levando-as a sentir que não têm suficiente valor e, portanto, temem um novo abandono.

Isso estava expresso na história de Marcos. Apesar de se perceber como uma criança capaz de bom desempenho e realizações (os frutos), parecia pensar que havia algo dentro dele (o bigato), algo destrutivo, e portanto, passível de punição, castigo e até morte.

Esse parecia ser o significado que atribuía ao fato de seus pais biológicos o terem abandonado. Nesse sentido, havia um paralelo entre o modo como Marcos se percebia e como seus pais o percebiam. Marcos fantasiava que, se tinha sido abandonado, era porque trazia consigo algo muito ruim e por isso não poderia ser amado e seus pais acreditavam que Marcos trazia em si uma "herança ruim".

Em seus devaneios, Rosana pensava que Marcos havia incorporado à sua personalidade sentimentos de insegurança e inadequação e o receio permanente de ser novamente abandonado, e que isso se dera, não somente em função do abandono inicial, mas também por conta das atitudes ambivalentes de Fernanda e de seu marido, que acabavam por confirmar seus receios. Tratava-se, portanto, de um círculo vicioso, pois ao ser confirmado em seus receios, Marcos agia de forma a justificá-los, ou seja, apresentava comportamentos considerados inadequados pela família, e dessa forma, reforçava os temores dos pais.

Marcos parecia retratar a facticidade da existência do ser humano que, ao ser lançado no mundo, não tem escolha, não escolhe sua família biológica. Marcos também não escolheu sua família adotiva. Tais fatos não podiam ser apagados.

Após novos desenhos e histórias, Marcos disse a Rosana que queria fazer outra coisa.

Rosana tentou entender a situação, pois ele estava animado ao fazer o desenho e contar as histórias e, repentinamente, cortou completamente esta forma de comunicação. Parecia perceber que já tinha se exposto demais e isso o assustava fazendo com que interrompesse o contato.

A seguir jogaram o jogo da memória e a sessão foi encerrada.

A COMPETIÇÃO

A semana era importante para Marcos, pois havia em sua escola uma competição de matemática. Participariam vários colégios e um aluno de cada série representaria a escola. Marcos representaria o seu ano escolar. Estava preocupado e tenso por várias razões. De algumas ele tinha perfeita consciência, de outras nem tanto. Toda a competição o deixava ansioso, queria ganhar, tinha dificuldade em aceitar perdas. Uma vez brigou por perder um jogo. Também sabia que seus pais esperavam uma vitória e não queria decepcioná-los. Na escola, era elogiado por ser inteligente e por gabaritar provas, especialmente as de matemática. Não queria perder esse lugar de destaque. Era uma das poucas coisas que ele sabia que fazia bem e não queria mudar essa imagem nem para os outros, nem para ele mesmo.

Na noite anterior à competição dormiu mal, teve falta de ar, parecia que teria uma crise de bronquite, mas isso não ocorreu.

Fernanda conhecia o filho e embora ele não falasse, sabia que estava nervoso. Tentou acalmá-lo, dizendo que em um jogo as pessoas podem ganhar ou perder e a perda não deprecia ninguém. Já o pai disse que confiava nele e tinha certeza da sua vitória. Nenhum dos dois o confortou: ao ouvir a mãe, tinha certeza de que ela o estava preparando para uma derrota, e sabia que o pai não aceitaria uma perda, queria que ele ganhasse a qualquer preço.

Ansioso e tenso, foi para a escola decidido a se empenhar e obter a vitória.

Ao chegar lá, deparou-se com colegas, professores e adversários. Contrariando todas as expectativas, inclusive a sua, não ficou com medo, enfrentou a batalha e venceu.

Os pais ficaram felizes. Foram comemorar em um restaurante japonês que ele adorava. Sentia-se muito bem, parecia que tudo estava perfeito. Os pais estavam contentes e na escola foi elogiado, todos o admiravam e ele era reconhecido como o "bom da matemática". Isso era importante, não tinha muitos amigos na escola, mas todos sabiam quem ele era.

A PSICÓLOGA

Rosana pensou muito no caso de Marcos e optou por fazer duas sessões seguidas apenas com ele. Achava que uma fresta tinha se aberto e não queria perdê-la. Comunicou aos pais sua decisão.

Fernanda recebeu a notícia com um misto de alívio e preocupação. Por um lado, não ir ao atendimento de Marcos trazia certo alívio, pois não teria que enfrentar o marido, sua agressividade, suas posições rígidas, que às vezes chegavam a ser desrespeitosas com as pessoas e em especial com ela. Por outro lado, pensava:

"O que a psicóloga quer falar com ele?"

"O que o menino conta para ela que não pode compartilhar conosco?"

Não tinha resposta para essas perguntas e se preocupava.

Marcelo achou muito bom não ter que ir ao atendimento. Não teria que sair cedo do trabalho, nem expor sua vida para uma quase desconhecida.

Rosana, ao falar com a mãe por telefone, percebeu-a reticente frente a seu encontro com o garoto, mas não disse nada.

Curiosamente Rosana tinha atendido naquela mesma semana outro caso de adoção, bastante interessante. Tratava-se de uma senhora de quase 70 anos, cuja filha de 32 anos era adotada, mas nunca havia contado esse fato a ela. Ocorre que a filha se casou e estava grávida. A preocupação da mãe era que o pai biológico da moça era negro e sua mãe branca. Desse modo, apesar de sua filha ser branca e seu marido também, havia a possibilidade de nascer um filho negro. Tal situação poderia suscitar um desentendimento entre o casal, uma suspeita de traição. Caso isso acontecesse não sabia o que fazer, pois era insuportável para ela contar da adoção. Essa era a fantasia daquela senhora.

Embora fossem casos completamente diferentes, Rosana pensava que tinham algo em comum: "o segredo".

"Qual era o significado disso?"

"Como compreender o relacionamento entre pais e filhos que não podiam lidar com a verdade?"

Rosana fazia essas perguntas a si mesma.

MARCOS E A PSICÓLOGA III

No dia combinado Marcos entrou na sala, abriu rapidamente a caixa lúdica, e começou a verificar detalhadamente seu conteúdo. Retirou o saquinho que continha os animais. Examinou-os um a um, guardou-os novamente. A seguir, pegou o lego e começou a fazer um castelo igual ao desenhado na caixa do brinquedo. Demorou algum tempo nessa atividade, mas realizou-a com perfeição, o que Rosana apontou.

Ele disse que achava fácil reproduzir um desenho já existente, o difícil era criar sem modelo. Rosana comentou que ele era um garoto muito exigente e queria fazer tudo com perfeição.

O menino assentiu com a cabeça e contou sobre a competição de matemática. Relatou que havia ganhado o troféu, mas este ficaria na escola, pois sua participação foi como representante de seu ano escolar. A psicóloga disse que ele parecia querer o troféu e levá-lo para casa. Marcos disse que sim, gostaria de tê-lo em seu quarto.

Rosana considerou o fato de o garoto parecer mais amistoso e sereno naquele dia.

Em seguida, Marcos pegou um jogo do mico, no qual devia encontrar uma fêmea e seu filhote. Levou um certo tempo para entender o jogo, em seguida estabeleceu as regras e solicitou a participação da psicóloga. Disse que deveriam distribuir as cartas, metade para cada um. A seguir, separariam os pares, animal e filhote, que tivessem nas mãos. Posteriormente um retiraria uma carta da mão do outro de modo a formar pares. Quem acabasse com o mico na mão perderia o jogo.

Após terem combinado as regras, iniciaram o jogo. Em uma determinada jogada o menino separou o par errado, colocou a galinha com o patinho e não com o pintinho. Rosana perguntou se não havia nada errado na combinação feita e o Marcos disse que não. Ela insistiu novamente e ele afirmou que não tinha nada de errado.

Rosana calou-se.

O jogo prosseguiu com todos os pares corretos até que, em determinado momento, sobrou a pata com o pintinho e de novo Marcos não estranhou a situação.

A psicóloga pediu que observasse o que tinha feito, o menino olhou, e imediatamente mudou de assunto, dizendo que não queria mais jogar aquele jogo.

Rosana pensou se aquilo poderia ser a representação de sua condição. Afinal era uma mãe, no caso duas, com filhos que não eram delas. Sentiu-se, entretanto, insegura para pontuar a situação naquele momento.

Marcos remexeu a caixa novamente e achou um revólver, pegou-o e passou a atirar para todos os lados. Cada vez que Rosana tentava dizer alguma coisa ele atirava mais alto e mais forte.

Permaneceu nessa atividade até acabar a sessão.

A CURIOSIDADE

Quando Marcos saiu da sessão, Fernanda notou que seu humor não era dos melhores. No trajeto para a casa, ficou quieto e deu respostas monossilábicas às perguntas da mãe.

Fernanda continuava curiosa sobre o que seu filho fazia ou dizia no consultório da psicóloga, mas Marcos não dizia nada. De qualquer maneira se sentia confortada, pois Rosana tinha marcado uma sessão com ela e o marido e pensava que nesse atendimento poderia esclarecer suas dúvidas. Tinha sentimentos ambíguos: ao mesmo tempo em que queria atendimento psicológico para o filho, sentia-se angustiada, pois, mais uma vez, sentia como se o menino tivesse um lado desconhecido dela e que outros, no caso a psicóloga, podiam acessar.

Fernanda ficou se perguntando por que se sentia daquele modo em relação a Marcos. Aqueles sentimentos não eram desconhecidos para ela, pelo contrário, eram bastante frequentes. Refletindo, pensou que era acometida por essa angústia quando o menino manifestava algum comportamento de que ela não gostava.

Perguntava-se, "por quê? Será que o menino só podia fazer e querer coisas com as quais ela concordava?"

Isso a fez pensar em sua infância e adolescência. Ela também tinha tido atitudes das quais seus pais discordavam. Mas eles tinham conseguido vencer os obstáculos e compreendê-la.

"Por que com ela isso não acontecia? Por que estava quase sempre angustiada, como se estivesse na expectativa de um perigo iminente?"

Fernanda resolveu deixar esses pensamentos de lado. Marcos já estava fazendo a tarefa de casa e, portanto, ela podia sair com tranquilidade.

Marcelo ligou quando ela estava indo para sua massagem. Perguntou sobre o atendimento e ela disse que Marcos tinha saído de lá de mau humor, com o semblante tenso e carregado, e não tinha conseguido arrancar uma palavra do filho. Marcelo comentou que o atendimento era para ajudar e não para atrapalhar.

Ao desligar o telefone Fernanda pensou em como tudo havia mudado desde seu casamento com Marcelo. Sentia que, com ele, acontecia algo parecido com o que acontecia com o filho.

Quando namoraram e casaram, compartilhavam tudo: sentimentos, pensamentos, planos e projetos. Mas agora, como acontecia com o filho, havia no marido uma parte desconhecida que a afligia, angustiava e que ela até mesmo temia.

Ao desligar o telefone, Marcelo estava preocupado. Era um homem prático e buscava soluções. Pensou no que sua mulher havia dito. Ele se perguntava:

"Será que a psicóloga falou alguma coisa para Marcos e ele não gostou?"

De repente foi como se uma corrente elétrica atravessasse seu corpo, deixando-o trêmulo e ao mesmo tempo rígido.

"Será que a psicóloga havia contado ao filho seu segredo?"

Sentiu-se imediatamente cheio de raiva e rancor. Ele era um homem orgulhoso, decidido e seguro de suas ações e de repente sentiu-se fragilizado. Imediatamente recuperou-se e argumentou consigo mesmo que, se a psicóloga tivesse feito alguma coisa nesse sentido, ele a denunciaria. O resto da tarde arrastou-se, embora participasse de várias reuniões e tomasse decisões importantes.

Em casa, Marcelo disse à esposa que temia que a psicóloga tivesse contado a ele sobre a adoção e nesse caso a processaria. Fernanda se enfureceu. Disse que seria muito bom se Rosana tivesse contado, pois acabaria com aquela situação. Argumentou que não aguentava mais, queria contar a verdade para Marcos e ele não deixava.

Marcelo, vermelho de raiva, gritou com a esposa, alegando ser ela uma irresponsável, que não conseguia perceber o dano que causaria para o garoto, se contasse a verdade.

A discussão foi muito acalorada e terminou com Marcelo saindo de casa, batendo com força a porta da frente.

Fernanda deu graças a Deus por Marcos não estar em casa e não ouvir a briga. Estava muito triste e aborrecida, chorou por longo tempo. Ela pensava que queria de volta aquele marido com o qual casou e não este que se apresentava agora, agressivo e insensível.

ROSANA

Naquele dia Rosana atendeu vários pacientes. Ao fim do dia, observou que pensava o tempo inteiro em Marcos. Sentia-se mal: o garoto havia mostrado alguma coisa em seu jogo de mico e ela se perguntava como proceder com esse caso daqui por diante.

Era uma pergunta para a qual não tinha resposta. Sabia, entretanto, que deveria trabalhar com os pais. Decidiu que conversaria com eles sobre a necessidade de Marcos conhecer sua história e trabalharia com eles as dificuldades em contar sobre a adoção.

Entendeu que o foco do trabalho deveria ser com os pais de Marcos, pois eles poderiam ajudá-la a ajudar a criança.

Eles a haviam procurado pelo fato do menino ter tirado dinheiro deles. Relembrou o jogo com Marcos e considerou que ele focalizou as diferenças e as semelhanças entre pais e filhos, o que poderia estar relacionado à adoção. Argumentou consigo mesma que isso deveria ser pauta de sua sessão com os pais.

Antes dessa, porém, várias coisas aconteceram.

AMANDA

No dia seguinte à sessão com a psicóloga, Marcos tinha aulas de Inglês e natação. Fernanda sempre o acompanhava assistindo, orgulhosa, os seus progressos. Conhecia algumas mães que também compareciam.

Uma delas, Amanda, era aquela com quem mais se identificava. Tinham ficado amigas, iam ao shopping e saíam nos finais de semana em companhia dos maridos.

Amanda perguntou a Fernanda o que ela tinha, pois parecia abatida e triste. Fernanda começou a chorar, sem conseguir se controlar, e Amanda sugeriu que as duas fossem até a cantina tomar água ou café.

Sentaram-se e Fernanda comentou ter discutido com o marido na noite anterior e contou o motivo da discussão. Amanda ficou absolutamente surpresa. Nunca tinha imaginado que Marcos tivesse sido adotado. Imediatamente, Fernanda caiu em si a respeito do que dissera. Se o marido soubesse, era capaz de separar-se dela, pois sentiria isso como uma traição. Afinal tinham feito o pacto de que ninguém saberia sobre a adoção de Marcos.

Ela havia quebrado o juramento. "E agora?"

Ainda chorando, implorou a Amanda que não contasse isso para ninguém, nem para o filho, que era amigo de Marcos, nem para seu marido. Amanda garantiu manter o segredo, mas isso não a tranquilizou.

À noite, quando jantavam, Fernanda não conseguia encarar o marido. No quarto, Marcelo a questionou, dizendo que ela parecia diferente, estava calada. Fernanda alegou dor de cabeça.

No dia seguinte, sábado, iriam a um casamento no qual estariam Amanda e seu marido.

Fernanda desde cedo ficou apreensiva. À tarde levaria Marcos para a casa de sua mãe, pois ele não iria ao casamento. Tinha marcado cabeleireiro, maquiagem, mas na verdade não queria ir. Tentou dizer a Marcelo que preferia não ir, ele não concordou e ela se calou. Estava, contudo, com muito medo do que tinha feito no dia anterior:

"E se Amanda tivesse contado ao marido?" "Pior, e se ele comentasse com Marcelo?"

Foi nesse estado de espírito que se arrumou e foram ao casamento. Não foi uma noite agradável, nem divertida para ela, embora a festa estivesse linda.

Permaneceu ansiosa. Pareceu-lhe que Joel, marido de Amanda, a olhava. Surpreendeu-o em vários momentos olhando para ela e depois para Marcelo. Tinha uma sensação muito ruim, duvidava da própria percepção, achava que Joel a olhava e, ao mesmo tempo, isso poderia ser fruto de sua imaginação. Queria ir embora, chamou o marido várias vezes até que ele se decidiu e ela ficou parcialmente aliviada.

ENCONTRO COM PAIS III

A nova semana chegou e, na terça feira à noite, encontraram-se no consultório de Rosana. Após os cumprimentos habituais, a psicóloga perguntou se estavam bem. Imediatamente Fernanda disse que sim, mas gostaria de saber qual segredo existia entre ela, psicóloga, e seu filho, pois o menino não queria contar o que acontecia no atendimento. Pacientemente, Rosana falou que não existia segredo nenhum, apenas havia dito ao garoto que os acontecimentos do consultório não seriam contados a ninguém. Se ele quisesse poderia contar, mas ela não diria nada. A psicóloga comentou que, em geral, as crianças levam isso muito a sério e, muitas vezes, decidem elas mesmas não contar nada nem para os pais. Aproveitando a oportunidade mencionou ainda o fato de que a questão do segredo aparecia sempre e parecia permear a vida de todos eles.

Marcelo perguntou à psicóloga o que ela queria dizer com isso e ela respondeu que todos na família tinham um segredo: os pais, o segredo da adoção, o menino, o segredo de tirar dinheiro deles e, agora, o segredo do que acontecia no atendimento psicológico.

Marcelo, um pouco irritado com a observação disse que a adoção não era exatamente um segredo, pois o menino era seu filho, até se parecia fisionomicamente com ele, portanto não havia ali nenhuma verdade a ser revelada. A psicóloga disse não ser bem assim. Relatou que, no atendimento feito, ficou perceptível a ela que Marcos tinha a sensação de que havia um segredo familiar o envolvendo. Disse ainda que o menino achava que havia algo a seu respeito que todos sabiam, menos ele. De acordo com Rosana, isso o angustiava muito, fazia com que não confiasse nas pessoas, distanciando-se delas.

Marcelo interrompeu-a e perguntou:

"Você contou a ele? Contou?"

Rosana negou, disse que jamais faria isso. Acrescentou que suas conversas estavam sob sigilo profissional, conforme havia assegurado.

Fernanda mostrava-se muito nervosa, mexia as mãos e as pernas e questionou o marido a respeito do fato de contarem ao garoto sobre a adoção. Em prantos, disse que não aguentava mais essa situação e queria contar ao menino, pois temia que alguém o fizesse.

Marcelo cada vez mais exasperado perguntou se aquilo era um complô contra ele. Disse que o estavam forçando a fazer algo que não queria. Acrescentou: ambas poderiam perder as esperanças, porque ele jamais contaria ou deixaria que alguém contasse a verdade a Marcos.

Rosana pediu que se acalmassem e tentou retomar sua fala, mas novamente foi interrompida pela mãe, que acusou o marido de ser egoísta. Falava rapidamente, quase sem respirar, e disse que desde o início ele se mostrava insensível e prepotente: não aceitou que ela fizesse a fertilização com esperma de um desconhecido e isso a impediu de gerar uma criança. Por não poder gerar, ele não deixou que ela tivesse um filho e agora não respeitava o direito do menino de saber sobre sua adoção. O discurso de Fernanda transmitia raivas e ressentimentos, guardados por muito tempo.

Marcelo reagiu perguntando também em tom de voz alterado se ela o estava acusando. Disse que ela sempre concordou com tudo que ele tinha proposto e agora estava ali, fazendo o papel de vítima, e o colocando no lugar de carrasco.

Nesse momento, Rosana interferiu e assinalou o fato de que ambos pareciam ter muitos ressentimentos velados um em relação ao outro, e que agora vinham à tona.

Marcelo a ignorou, voltou-se para a esposa, disse que não esperava essa atitude dela e estava muito aborrecido com o que tinha ouvido. Fernanda, chorando muito, declarou estar muito triste com a situação.

Rosana mais uma vez lembrou que estavam ali para falar de Marcos, mas percebia que o casal tinha questões pendentes. Ambos ficaram em silêncio como que concordando com o assinalamento da psicóloga.

Após algum tempo, Rosana afirmou que aqueles temas apareciam também no atendimento de Marcos. Ele manifestava o desejo de saber sobre sua origem, mostrava perceber que havia um segredo sobre ele e, mais que isso, esperava esclarecimento.

Comentou que, como não poderia dizer nada ao garoto, ficava no mesmo lugar em que os pais estavam e reproduzia uma situação já conhecida pelo menino. Ela era mais uma pessoa que sabia do segredo e se negava a contá-lo. Disse que essa situação provocava em Marcos sentimentos de raiva e desconfiança, interferindo no atendimento. Ele não a reconhecia como uma pessoa que pudesse ajudá-lo, mas sim como mais uma pessoa que, unida a outras, impedia-o de conhecer a verdade sobre si mesmo.

O pai perguntou o que ela queria dizer com isso. Rosana respondeu que queria compartilhar com eles sua percepção sobre os sentimentos nutridos pelo menino. Queria também expressar seu desconforto ao atendê-lo, pois parecia que esse atendimento não o ajudaria. Disse ainda que gostaria de, por algum tempo, continuar o atendimento somente com eles, os pais. Perguntou-lhes o que achavam da sugestão.

Fernanda perguntou: "Como se fosse uma terapia de casal?"

Rosana: "Não exatamente. Quero focalizar a questão da adoção, o que ela significou para vocês na época e o que significa hoje".

Marcelo: "Você está achando que o problema somos nós, né?"

Rosana: "Não se trata de achar que vocês são o problema, mas sim de trazermos à tona os sentimentos escondidos, guardados ao longo do tempo, mas que continuam interferindo na relação de vocês. "

Rosana esperava alguma resistência por parte do casal, entretanto, para sua surpresa, ambos concordaram.

Agendaram um novo encontro para a semana seguinte.

ENCONTRO COM PAIS IV

A semana transcorreu normalmente. Numa noite após o jantar, Fernanda tentou abordar com Marcelo a conversa que tiveram com a psicóloga, mas foi logo interrompida por ele dizendo claramente que o assunto o chateava e não queria falar sobre isso. Fernanda não falou mais nada, mas continuou a pensar. Em suas reflexões sentia um misto de alívio e medo. Alívio porque tinha conseguido dizer algumas coisas que guardava há anos. Medo, pois tinha outros sentimentos represados e, se os mostrasse, temia magoar o marido ou até mesmo que "algo muito pior acontecesse"...

No dia da nova sessão, Fernanda levantou-se ansiosa. Não parava de pensar no que diria. Tentou então planejar sua fala. Pensou no que a psicóloga tinha dito, que a sessão se destinava a entender os seus sentimentos, o significado da adoção na época em que ocorreu e o que significava agora. Tentou pensar sobre isso.

"O que tinha significado?" "À época ela estava muito triste, deprimida, humilhada, essa palavra veio à sua cabeça e ela não sabia bem por quê. Por que tinha se sentido humilhada?" Começou a lembrar-se...

Ela percebia no olhar das pessoas certa desconfiança, certo descrédito. Os amigos tiveram mais filhos: um, dois, até três e acabaram por se afastar deles.

Isso fazia com que se sentisse diferente, fora daquele círculo, afinal a vida de todos seguia certa sequência, a dela não. Os programas passaram a ser divergentes. Os amigos com filhos não podiam mais sair à noite, como faziam anteriormente. Viagens que antes eram viagens nacionais ou internacionais rumo a lugares badalados, agora se tornaram hotéis fazenda, nos quais houvesse recreação e atividade para crianças.

Eles, às vezes, partilhavam esses programas, mas não os achavam muito interessantes. Lembrava-se de se sentir só, nem sempre tinham companhia para um jantar ou teatro. Sem falar do sentimento de inveja, que muitas vezes nutria pela situação das amigas. Para ela, era difícil admitir essas coisas. Afinal, tinha sido criada a partir de preceitos religiosos, nos quais a inveja era algo que ela não deveria sentir. Mas sentia.

Olhava as amigas com tantos filhos, algumas tinham engravidado sem querer, tinham chorado e se desesperado ao saber que esperavam uma criança e ela que tanto desejava isso, não conseguia, não podia.

Era por tudo isso que se sentia humilhada.

Fernanda estava com lágrimas nos olhos, lembrar-se de tudo era muito doloroso. Ela se perguntava se teria coragem de dizer isso à psicóloga em presença de seu marido. Concluía que dificilmente conseguiria fazê-lo.

Essa era outra parte da questão. Nunca tinha podido dizer a Marcelo como se sentia de fato. Por um lado, ele parecia não querer saber, atuava de um jeito que a impedia de compartilhar sua dor. Por outro lado, sabia que ele também sofria e também não queria expor suas emoções, pois isso provocaria nele uma angústia ainda maior. Assim, guardava para si suas ansiedades.

Isso tinha acontecido durante todos esses anos. "E agora? Será que seria capaz de abordar esses temas num atendimento psicológico?" Não sabia, não tinha essa resposta.

Marcelo pediu para a secretária desmarcar seus compromissos e reuniões após as 18 h. Ele sentia certa ansiedade quanto à consulta. Pensava que talvez fosse tudo bobagem e, desmarcar o atendimento ao invés de seus compromissos de trabalho, talvez fosse a melhor solução. Por vezes, chegou a pegar no telefone para cancelar, mas não sabia o que dizer para Fernanda se o fizesse.

"Como faria para cancelar a consulta sem o consentimento de sua esposa?"

Sabia que ela ficaria furiosa se ele tomasse essa atitude e sabia também que se pedisse sua opinião a esse respeito, ela seria contra.

Sentia-se num beco sem saída. Por um lado, temia que o filho pudesse ter algum desvio e achava ser a hora certa de corrigi-lo, caso isso fosse verdade, mas a psicóloga tinha insinuado que o problema do menino eram eles. Por outro lado, perguntava-se quais questionamentos Rosana faria e se ele estaria disposto a respondê-los.

Sentia-se muito incomodado com a situação. Falar de tudo novamente, reviver experiências que não queria lembrar. Não queria nada disso, seria capaz de enfrentar a esposa caso cancelasse a consulta, mas o que o segurava mesmo era o filho. Queria ajudar o garoto, ele o amava muito e queria tudo de melhor para o menino. Não queria sentir culpa, caso no futuro viesse a ocorrer algo de errado com Marcos. Queria ter a consciência tranquila, ter feito tudo ao seu alcance para que ele tivesse todas as possibilidades na vida.

Assim, resolveu enfrentar a situação, com a convicção de que só falaria o que quisesse falar. Pensou que não adiantaria a psicóloga usar de suas técnicas para arrancar algo dele. Não falaria.

Pontualmente Marcelo e Fernanda compareceram ao consultório da psicóloga.

A sessão foi iniciada com alguma tensão. Rosana disse que gostaria de focalizar com eles o período anterior à adoção, a adoção em si e a pós-adoção. Rapidamente, quase num salto, Marcelo disse que tinha sérias dúvidas se devia mesmo mexer em todo esse passado. Acrescentou não entender o porquê disso e aonde Rosana queria chegar.

A psicóloga compreendeu a dificuldade do pai e, de forma acolhedora, explicou que, em sua opinião, Marcos, de algum modo, sabia sobre a adoção, mas como os pais negavam, ele ficava confuso e com raiva. Usou uma metáfora dizendo que era como se o menino visse uma parede de cor azul, dissesse isso e seus pais negassem dizendo que era branca. Ao negar uma percepção real de Marcos, faziam com que ele duvidasse das próprias percepções. Mais ainda, se por um lado duvidava de si mesmo, por outro desconfiava dos pais. Essa desconfiança básica dificultava seu relacionamento com as outras pessoas, afinal, se os pais não falavam a verdade, quem falaria?

Comentou ainda que isso havia acontecido entre ela e Marcos no atendimento, pois embora o menino não tivesse perguntado nada explicitamente, ela percebeu que ele esperava dela uma confirmação que não aconteceu, fazendo com que ele manifestasse rancor e o desejo de não mais comparecer.

Nesse ponto, a psicóloga foi interrompida pelo pai de forma agressiva. Disse que Rosana estava errada, pois a relação dele com Marcos era ótima, o menino gostava dele, eram companheiros e nada do que estava sendo dito por ela procedia.

Foi um momento de grande tensão. Fernanda parecia querer falar, mas mantinha-se calada. Apenas chorava. Mais uma vez, Rosana interveio dizendo que entendia a dificuldade de Marcelo, a dor que aquilo trazia para ele, para os três, pois cada um a seu modo parecia estar em grande sofrimento.

Rosana tentou acolher a dor daquele pai e disse que se ele não quisesse falar naquela sessão poderiam deixar para outro dia. Nesse momento, Fernanda disse que tinham colocado o assunto de lado por anos e que agora era a hora de falar.

Novo silêncio pairou sobre o ambiente, um silêncio pesado e angustiante rompido por Marcelo, que dirigiu um olhar raivoso para sua esposa. Bastante alterado, levantou-se da cadeira e disse que queria ir embora. Fernanda permaneceu sentada num movimento contrário ao do marido. Desta vez, sua vontade prevalecia sobre a dele.

Ela começou a relatar como se conheceram, a paixão que viveram e durante esse relato seu semblante era calmo e sereno, como se estivesse revivendo aquelas experiências e saboreando os sentimentos vividos na ocasião. Sua fala pareceu acalmar momentaneamente o marido, que olhava fixamente para ela.

Fernanda comentou sobre o casamento, a festa, lua de mel e os primeiros anos de casada. Disse que tudo aquilo tinha sido maravilhoso, um conto de fadas. Marcelo ouviu a narrativa calado.

Rosana perguntou-lhe como se sentia na época e ele disse que compartilhava os sentimentos de Fernanda. Acrescentou que também foi um período de grande ascensão em sua carreira, o que dava ainda mais brilho para suas vidas. Após dizer isso Marcelo permaneceu com a cabeça baixa, olhando para o chão. Parecia não querer que as pessoas vissem seu rosto.

Nesse momento o horário terminou e a psicóloga marcou um retorno para a semana seguinte.

TEMORES

Após o atendimento de Marcelo e Fernanda, Rosana tinha outro paciente, mas, antes de chamá-lo, tomou um copo de água e respirou fundo. Aquela sessão tinha sido muito forte para os pais e para ela também. Durante o atendimento, ela temeu que o pai se descontrolasse a ponto de investir verbalmente, ou até fisicamente, contra ela ou contra Fernanda.

A sessão tinha sido muito impactante. Sentimentos represados há anos vieram à tona, a contragosto de Marcelo. Rosana se perguntava se seria capaz de fazer intervenções que os ajudassem a canalizar aquela energia toda de forma produtiva, ou seja, de modo a que se sentissem mais aliviados e felizes.

Também tinha dúvidas e perguntas sobre como conduzir o atendimento. Percebeu, naquele momento de reflexão, que não poderia se envolver e repetir a mesma dinâmica da família. Assim como não tinha sido cúmplice dos pais no segredo sobre a adoção, fazendo com que o trabalho psicológico fosse dirigido principalmente a eles e não ao garoto, também não poderia identificar-se com a angústia do casal. Podia mergulhar nessa angústia junto com eles, pois essa era a forma de ajudá-los. Não podia, porém, permanecer nela, ficar paralisada como eles estavam há anos.

Após esses pensamentos, continuou seu trabalho do dia.

Marcelo e Fernanda voltaram em seus carros para casa. Ao chegarem, Marcelo tomou banho e desceu para jantar. Marcos e Fernanda já estavam à mesa quando se sentou. Falaram amenidades, contaram coisas sobre o dia de cada um. Nada dava sinal do que havia acontecido no consultório da psicóloga.

Após o jantar, assistiram juntos à TV e depois Marcos foi dormir. Fernanda foi para o quarto e Marcelo ficou no escritório, tinha tarefas para concluir, já que tinha saído cedo da empresa naquele dia. Essa foi a única menção feita à consulta psicológica.

Em seu quarto, Fernanda repassou o que tinha acontecido. Queria falar, dar vazão aos seus sentimentos. Queria contar a verdade para Marcos, não aguentava mais aquele segredo, porém receava sua reação. Lembrava-se que quando tentou contar a história do menino adotado, Marcos perguntou se o menino era ele e disse que, se fosse, iria embora de casa.

Se algo acontecesse, ela se sentiria culpada, o marido a culparia. Quando se deu conta estava tremendo, como se estivesse com muito frio. Não era frio, era medo.

Marcelo tentou trabalhar, mas não fez nada. Um tumulto acontecia dentro dele. Quando adotaram Marcos, ele jurou que nunca falaria nada ao menino, que ele nunca saberia. Marcos seria seu filho de verdade, não filho do coração.

Agora sentia-se forçado a fazer a revelação. Estava arrasado, tanto esforço e agora parecia que era ele o responsável pelos problemas do filho. Isso estava errado, sempre dera afeto, atenção e carinho para Marcos e agora ele era o vilão.

Durante a semana, Fernanda encontrou rapidamente a amiga para a qual contou que Marcos tinha sido adotado. Foi um encontro casual e ela evitou permanecer com a moça. Apenas falou o necessário e despediu-se rapidamente.

Durante o final de semana não abordaram o assunto, mas sentiam constantemente o peso do que tinha acontecido.

ENCONTRO COM PAIS V

No dia da consulta psicológica, Fernanda foi buscar Marcos na escola. Ele estava particularmente contente. Relatou à mãe que havia gabaritado a prova de matemática. Disse que todos da escola tinham lhe dado parabéns. A prova era composta por exercícios e, no final, havia uma ou duas questões de desafio. Não eram obrigatórias, mas quem as fizesse ganharia uma pontuação extra. Marcos tinha feito tudo corretamente: a prova e o desafio.

A mãe ficou orgulhosa, olhava para ele e pensava em

como era inteligente. Agradecia a Deus por tê-lo com ela.

Marcos disse que queria contar para o pai. Fernanda passou-lhe o celular e ele ligou. Marcelo ficou contente e prometeu um presente por seu desempenho.

Embora Fernanda estivesse um pouco tensa pelo atendimento psicológico que enfrentariam à noite, aquela notícia foi muito bem-vinda e alegrou seu dia. Tudo parecia mais leve.

Ao iniciarem a sessão, a primeira coisa dita por Marcelo foi que Marcos tinha gabaritado a prova de matemática. Acrescentou que o menino era muito parecido com ele, pois também sempre tinha sido "bom em exatas" e Marcos era sua cópia fiel.

Fernanda disse que também tinha ficado feliz. Estava observando Marcos, nos últimos dias, mais aberto às amizades, mais extrovertido.

Rosana entendeu que eles pareciam querer dizer que Marcos era seu filho e não havia nenhum problema ligado à adoção. Até Fernanda, que na sessão anterior parecia adotar uma posição diferente da de Marcelo, naquele dia tinha mudado um pouco seu tom.

Marcelo mais uma vez disse que o filho era uma criança esperta e inteligente, muito parecida com ele. Fernanda falou que o garoto estava se tornando comunicativo, como ela.

Tanto o pai quanto a mãe, cada um a seu modo, tentavam adequar suas percepções às expectativas que tinham interiorizado no sentido de confirmá-lo como sendo "produto deles".

Rosana disse que Marcos era uma criança inteligente, cautelosa nas relações e tinha uma boa percepção da realidade.

Para ela, os pais oscilavam entre uma cumplicidade e um antagonismo em suas posições. O pai oferecia subsídios para que a criança se identificasse com ele em diferentes aspectos, negando ou até impossibilitando o reconhecimento de qualquer diferença entre eles. Já a mãe, ora se identificava com ele, ora não.

Rosana estranhava o fato de a sessão ter mudado completamente o rumo, quando comparada à anterior, na qual surgiram sentimentos, emoções e desconfortos. Agora eles pareciam querer mostrar que tudo corria bem. Pareciam recorrer à identificação da criança com eles, de modo a que tudo se encaixasse em padrões usuais. Havia ali um mecanismo de evitação permitindo a eles não entrar em contato com a adoção.

A psicóloga disse que estavam diferentes do último encontro, pois pareciam não querer abordar as dificuldades frente à adoção, ao retirar do que ela dizia somente alguns trechos, os que corroboravam com suas expectativas.

O pai disse que havia muitas coisas sobre as quais ele não tinha pensado e, quando elas eram ditas, pareciam claras, mas, muitas vezes, duras. Fernanda comentou amar o filho, mas que na verdade temia alguma surpresa por parte dele.

Rosana perguntou se esse temor decorria da sensação de não conhecer totalmente Marcos, de haver nele uma parte desconhecida, não passível de previsão e controle.

Marcelo disse que não, mas a mãe concordou. Novamente apareceu a ambivalência entre o casal: cumplicidade e discordância.

Rosana notou que, apesar de todos os esforços dos pais, a adoção de Marcos despontava em quase todos os momentos, sempre de forma velada.

Para eles, os "laços de sangue" ocupavam um lugar determinante naquela relação e, embora se esmerassem em educar, amar, formar e informar o menino, não acreditavam que sua ação fosse realmente eficaz para "apagar" o que Marcos trazia consigo como herança. Dessa forma, havia sempre um canto obscuro na criança ao qual não podiam chegar, e se tornara uma ameaça a todos.

Isso parecia claro para Rosana, mas ela tinha dúvidas quanto ao momento de expressá-lo aos pais.

Marcelo confirmou que ele estava sempre querendo saber ou confirmar coisas sobre Marcos e perguntou:

"Mas não é assim com todos os pais? Todos se preocupam com o que a criança pode fazer ou não, não é? Como no nosso caso, você acha que nós supúnhamos que ele pudesse roubar o dinheiro?"

Fernanda imediatamente disse que concordava com a psicóloga, tinha medo de não conhecer Marcos suficientemente e um dia ter uma surpresa.

Rosana percebeu que os pais compreendiam parte da situação desde que não se tocasse na adoção.

Perguntou se o temor relativo ao fato do que o menino poderia ou não fazer estava relacionado com a adoção. O pai negou veementemente, e a mãe consentiu de forma tímida e acanhada.

Na opinião da psicóloga o pai desejava manter a qualquer custo o significado atribuído durante anos à maternidade e paternidade; isso parecia assegurar seu lugar no mundo e permitia ocultar a falta, a lacuna que a impossibilidade de gerar mobilizava. Rosana percebia que o pai queria resolver suas questões e não conseguia encarar o seu conflito principal, não podiam ter filhos. Fernanda parecia ter uma disponibilidade maior, contudo vivenciava um conflito entre o desejo de enfrentar a questão da adoção e o medo do que isso pudesse causar.

Mais uma vez, Marcelo num tom quase agressivo disse:

"Isso que você falou não tem nada a ver, ele é nosso filho e pronto."

Fernanda tentou interferir:

"Mas Marcelo você não acha..."

"Não acho, não."

Por alguns momentos eles ignoraram a presença da psicóloga. A batalha entre eles era concreta, dura. Marcelo estava visivelmente irritado e disse que queria ignorar a adoção, como se ela nunca tivesse acontecido.

Para Rosana havia um paradoxo na fala do pai. A adoção era o cerne da questão, pois procuraram o atendimento pelo fato de o menino ter pegado o dinheiro deles, temendo que esse comportamento decorresse da herança biológica, já que o pai biológico de Marcos foi preso por roubo. Ao mesmo tempo, ele queria ignorar a adoção de Marcos.

Marcelo perguntou a Rosana quais outras características tinha observado em Marcos e Rosana repetiu algumas considerações que havia feito anteriormente, acrescentando que o garoto apresentava certa agressividade com os outros, com familiares, especialmente quando era contrariado.

A palavra agressividade provocou forte reação por parte de Marcelo, que perguntou a Rosana como conseguiu ver isso. Por que os considerava culpados relacionando o fato com um dos únicos episódios de briga que Marcos teve na vida. Rosana observou que Marcelo passou, em questão de segundos, por três fases:

A primeira de espanto, representada por um estremecimento físico; a segunda de culpa, procurando examinar qual a sua parcela de responsabilidade frente à agressividade do filho e a, terceira, concordando com o que segundos antes tinha causado estranheza, buscando na experiência da criança fatos que corroborassem aquela afirmação.

Marcelo, evidentemente, sentia-se ameaçado pelas características do filho que considerava negativas, ainda mais quando observadas por uma profissional.

Fernanda reconhecia certa agressividade no filho, mas considerava que isso não atrapalhava a vida dele. Temia, porém, uma reação mais agressiva se ele soubesse da adoção.

Marcelo reafirmou com convicção e até com ironia que Marcos nunca saberia da adoção e que Fernanda não precisaria se preocupar.

Rosana comentou que não entendia a agressividade de Marcos como algo negativo ou que o colocasse em risco, mas apenas como forma de expressar seu desconforto ou até seu sofrimento em determinadas situações.

Marcelo acrescentou ainda que ele era firme com o menino e entre eles não havia espaço para agressividade, mas com a mãe, que não impunha limites, isso acontecia.

Fernanda tentou reagir, mas foi impedida por Marcelo que continuou falando. Quando ele respirou, Fernanda disse que mesmo sendo menos firme com Marcos, quando ele precisava de algo era com ela que falava.

Atacaram-se de parte a parte e a discordância entre eles ficou mais clara. Por vezes, Fernanda se aliava a Marcelo para manter o filho adotivo no lugar do filho biológico que nunca tinham tido, preenchendo assim a lacuna que ficaria visível, caso o menino não existisse. Havia, contudo, momentos em que Fernanda se desprendia dessa posição, isso mobilizava o pai, e ele se comportava como se a forçasse a voltar atrás. Marcelo, por sua vez, tinha movimentos circulares, se em um momento parecia ter compreendido algo novo em Marcos e nas suas relações com ele, no momento seguinte voltava à posição inicial, utilizando de vários dispositivos para manter a situação da forma como apresentada no primeiro dia do processo.

Rosana assinalou que fatos ocorridos apenas uma vez com Marcos, como uma briga corriqueira, tinham um grande peso para Marcelo. Ele disse que quando se tratava de Marcos tudo era diferente, e Fernanda repentinamente referiu-se ao fato de que a mãe biológica do garoto tinha uma história de vícios e drogas. Novo desentendimento surgiu, Marcelo negou que os antecedentes da criança fossem importantes para ele, enquanto Fernanda, numa atitude rude, reafirmou sua posição.

Rosana forçou-se a sintetizar para si mesma a compreensão daquele caso. Tratava-se de um casal para o qual gerar filhos era uma condição importante, mas que se vira impedido de fazê-lo por questões orgânicas. Isso os colocava diante dos limites da vida humana. A impossibilidade de permanecer no mundo por meio dos filhos os defrontava com a finitude e eles tentavam negar a angústia decorrente.

Era muito difícil para Marcelo viver nessa angústia e ter que reconstruir seus sonhos, projetos e expectativas. Negar a adoção foi a forma de conviver com a limitação que repentinamente assolou sua vida. Assim, para que tudo se mantivesse da forma usual, Marcos foi cercado de todos os cuidados e foi quase vigiado para corresponder às expectativas dos pais. A adoção foi mantida em segredo.

Marcos, no entanto, percebia que havia um segredo, percebia que era vigiado e respondia a isso com atitudes consideradas inadequadas. Os pais não compreendiam que os comportamentos do menino eram uma resposta às suas próprias atitudes e acabavam buscando uma explicação na família biológica do garoto. A origem de Marcos não podia ser mencionada, mas, paradoxalmente, estava sempre presente, especialmente quando o menino apresentava comportamentos considerados inapropriados.

Rosana disse aos pais que seus temores estavam associados à origem de Marcos, fato que pela primeira vez Marcelo confirmou. Disse ainda sentir-se aliviado por poder falar sobre o assunto. Já Fernanda ficou hesitante e, embora, tivesse consciência de que fora ela quem tinha abordado o tema, sentia-se confusa. Rosana tentou acolher os seus sentimentos e disse ser esperado o fato daquele assunto provocar sentimentos ambivalentes, mas percebeu que não havia disponibilidade por parte dos pais, nem tempo hábil para aprofundar as emoções suscitadas naquela sessão.

A VIAGEM

Na semana seguinte, Marcos teve festas de amigos da escola dois dias seguidos e, no final de semana, a família foi com dois casais amigos para um hotel fazenda. Durante a viagem para o hotel, tanto Fernanda quanto Marcelo pareciam muito bem. O lugar era muito bonito, uma região montanhosa e ensolarada. O hotel ficava em uma antiga fazenda, cuja arquitetura deixou Fernanda deslumbrada. Andaram a cavalo, jet-ski, usaram quadras poliesportivas. Houve diversão para todos.

Marcos se divertiu muito. Os casais tinham filhos com os quais ele se relacionava muito bem. No hotel, as recreações, jogos e competições entretinham-nos durante a maior parte do dia. Mal viam os pais.

Fernanda experimentou naquele final de semana sensações que há muito tempo não tinha. Sentia-se calma, em paz, os problemas estavam distantes. A companhia dos amigos, a boa comida e as distrações pareciam reconfortá-la.

Marcelo compartilhou o bem-estar. Estava tranquilo, sem a tensão que o acompanhava no dia a dia. Sentiu-se leve, praticou muitos esportes, deu-se conta do quanto gostava disso e, ao mesmo tempo, de como tinha deixado o lazer de lado. Fernanda olhava para o marido admirada. Ele estava bonito, bronzeado, era engraçado, divertia a todos. Ela pensou que este era o homem com quem tinha casado.

Relembrou o início do casamento, o amor, o carinho, o companheirismo, a parceria. Perguntou-se onde tinham deixado tudo aquilo, por que não eram os mesmos de antes. Seus olhos lacrimejaram e pediu licença para ir ao banheiro. Não podia chorar ali. Ela percebeu que precisava de tudo aquilo, precisava resgatar aqueles sentimentos.

"Onde estavam? Onde os havia perdido?"

Lavou o rosto e voltou para a piscina juntando-se aos outros.

Marcelo compartilhava os sentimentos de sua mulher. Ao olhá-la, observou como era bonita. E era a sua mulher. Sentia-se orgulhoso. Fernanda era a mulher mais bonita da piscina. Pensou que há muito tempo não a elogiava.

"O que tinha acontecido com ele? O que havia mudado?"

Sabia que a amava, mas havia algo entre eles que não conseguiam transpor, algo que impunha uma distância considerável entre os dois. Mas ali sentia-se bem, não queria pensar, apenas saborear aqueles momentos de descontração.

ATENDIMENTO COM PAIS VI

Chegou o dia do atendimento com a psicóloga. Após os cumprimentos habituais, Rosana pediu para retomar o final da sessão anterior, na qual tinha ficado clara a preocupação deles com a origem de Marcos, que associavam a seus comportamentos inadequados, atribuindo-os à "herança biológica". Marcelo manteve-se quieto, mas Fernanda visivelmente incomodada, mexia-se na cadeira, apertava as mãos e interrompeu abruptamente a psicóloga, dizendo conhecer muito pouco sobre os pais biológicos de Marcos. O que pesava não era só o desconhecido, mas o imaginado. Rosana perguntou a Fernanda o que ela imaginava e se podia falar a respeito. Ela não sabia o que dizer. Marcelo disse que havia refletido e sempre soube desse temor, mas evitava pensar nisso, uma vez que se sentia traindo Marcos quando isso acontecia.

Questionou se abordar o assunto ajudaria mesmo a Marcos e a eles. Rosana e Fernanda disseram que ajudaria tanto a eles quanto ao filho.

Foi notável a perturbação e o desconforto dos pais ao se depararem com o medo da influência que os pais biológicos de Marcos pudessem ter sobre ele. Rosana compreendeu que, ao adotarem o menino, por não poder gerar, estabeleceram um projeto para sua existência: seria um filho ideal, esperto, inteligente, mais interessante do que se fosse um filho gerado. Ocorria, entretanto, que Marcos era apenas uma criança "normal" como tantas outras: com defeitos e qualidades, diferente do filho idealizado. Consideraram não serem eles os responsáveis pelas eventuais condutas inadequadas e remetiam a explicação à família original. Essa suspeita era corroborada pelas informações sobre os pais biológicos da criança.

Isso revelava que, embora a mãe afirmasse sentir Marcos como seu filho, não havia se apropriado efetivamente dessa maternidade, pois a compartilhava permanentemente com os pais biológicos.

O mesmo movimento ocorria com o pai, embora aparecesse forma diferente. Sentia que a expressão de seus medos e fantasias era uma espécie de traição para com o filho. Era difícil assumir que aquela criança não lhe pertencia completamente e reconhecer isso parecia insuportável.

Marcelo disse a Rosana que seria inútil orientá-lo a contar a Marcos sobre a adoção , pois ele não o faria e ninguém o convenceria do contrário. Fez essa colocação em um tom brusco e

Fernanda, com um ar de reprovação, comentou que ele estava sendo grosseiro e isso ocorria todas as vezes que tocavam no assunto. Rosana perguntou a Marcelo o que o incomodava ao pensar em contar sobre a adoção a Marcos, e por qual razão ficava tão nervoso. Marcelo reafirmou não saber exatamente o motivo, mas o garoto era seu filho, apesar de não ter sido gestado por sua mulher. A psicóloga assinalou que se o fato do garoto não ter nascido da barriga de sua esposa não era importante, não havia motivo para não contar. Marcelo respondeu que falar sobre isso com o Marcos seria abrir um "buraco negro" dentro deles e do menino. Rosane pediu para explicar o que queria dizer com isso e Marcelo se referiu a um sentimento de "vazio", a uma "escuridão".

A afirmação de Marcelo impactou a todos, Rosana inclusive. Ele havia usado expressões fortes e Rosana inicialmente achou que decorriam de defesas contra uma forte angústia, e, portanto, deveria haver algo subjacente àquela reação.

Algo foi se delineando em seu raciocínio. Era mais que uma simples defesa. O pai parecia sentir sua intervenção como algo que o forçava a atravessar sua experiência para chegar ao mais originário de seu ser. Precisava se confrontar com a estranheza, com a inospitalidade do mundo, abandonando as garantias construídas ao longo da vida, desconstruindo o campo de ilusões tão duramente organizado para se deparar com o "buraco negro", o "vazio", a "escuridão".

Para ele era angustiante. Para Fernanda, vê-lo assim, era pura perplexidade.

Marcelo mostrou a seguir sua preocupação de que se Marcos soubesse sua identidade ia querer localizar seus verdadeiros pais. Disse que se quisesse conseguiria localizá-los, mas não faria isso.

Embora Rosana acreditasse que conhecer a própria origem e localizar os pais biológicos favoreceria o adequado desenvolvimento de crianças adotivas, não pôde mencionar isso, pois Marcelo não estava em condições de pensar a respeito.

Percebeu que a menção da identidade e localização dos pais originais de Marcos atuavam em Marcelo como algo que lhe tirava o chão; colocavam-no diante de um nada, sem ter como sair dessa posição. Expunha-o à sua precariedade e ele se defendia, apoiando-se na trama de relações e significados que havia construído durante sua vida.

Rosana sentiu o pai levantar uma barreira intransponível quando o assunto tratado era contar sobre a adoção. Com grande esforço, a psicóloga tentou mostrar que o garoto já sabia sobre ela, apenas esperava uma confirmação por parte dos pais. Disse que tal fato ficava claro em sua produção durante os atendimentos psicológicos. Marcelo, um tanto agressivo, respondeu que deveria procurar outra forma de ajudar o garoto sem falar sobre a adoção.

Em seus pensamentos, a psicóloga compreendia que o confronto com o que acontecia com Marcos assumia um significado de destruição, minava a possibilidade de que tudo pudesse continuar como antes. Rosana percebeu que a tinham procurado com a expectativa de manter tudo da forma como estava. Deu-se conta de atribuírem a ela um papel idealizado, mágico, ou seja, o de dar uma solução para as questões do garoto e de sua família sem abordar o tema adoção.

Mais uma vez explicou que as questões referentes à origem de Marcos apareciam no atendimento e seu trabalho ficava paralisado, pois estava impedida de falar sobre isso. Acrescentou entender o desapontamento de Marcelo, mas não vislumbrava nenhuma outra possibilidade para lidar com a situação que não incluísse essa revelação.

Marcelo mostrou-se agressivo, afirmou não entender o

papel dos psicólogos que, ao invés de minorar o sofrimento das pessoas, colocavam "o dedo nas feridas" e, ao invés de resolverem os problemas, construíam outros.

Marcelo repetia o movimento apresentado desde o início. Utilizava todos os recursos que conhecia para se fixar ainda mais no lugar que ocupava. Sua atitude de raiva e agressão com relação a Rosana derivava de sentimentos de desamparo e abandono. Rosana pensava que não estava sendo útil, pois suas colocações não atendiam às suas demandas.

Fernanda se manteve atenta e calada durante um longo espaço de tempo. Sua expressão era de aflição. A psicóloga apontou a aflição e ela disse que não conseguia se posicionar quando o marido agia daquela forma, temia falar e ser repreendida. Rosana enfatizou o fato de que Marcos também era seu filho e qualquer decisão a ser tomada deveria contar com a conivência de ambos. Fernanda novamente mencionou o fato de já ter tentado anteriormente contar a verdade a Marcos, mas foi uma tentativa frustrada e havia sofrido uma forte repreensão por parte do marido. Assim, por temer sua reação, preferia calar-se.

Fernanda tentava atribuir a culpa por seu silêncio ao marido. Entretanto, para Rosana era perceptível que havia entre eles certos acordos velados, não explicitados nem para eles mesmos, e que, de certa forma, as atitudes do pai estavam sendo reforçadas por ela.

Fernanda também não conseguia abordar abertamente a questão da adoção. Fazia algumas tentativas, nunca diretas, como forma de aliviar sua consciência. Dessa forma, sentia como se houvesse cumprido uma obrigação e, se nada havia mudado, considerava que isso era de responsabilidade de seu marido. Enfim, escondia-se atrás dele.

Desde o início dos atendimentos, Rosana percebeu haver entre o casal sentimentos reprimidos. Era perceptível certa raiva de Fernanda para com Marcelo, a condenação de suas atitudes. Isso não era explicitado, mas pairava na relação. Ao refletir sobre essa percepção, Rosana considerou que talvez Fernanda culpasse Marcelo pela adoção, pois ele e não ela era estéril, assim nada mais justo que ele assumisse todas as responsabilidades sobre as decisões difíceis que precisavam ser tomadas.

Rosana retomou então com os pais as questões já tratadas. Falou que Fernanda, como havia dito, tinha contado a Marcos sobre a adoção e, em seguida voltado atrás e todos, inclusive o menino, fingiram que nada havia sido dito. Disse que esse "segredo", embora negado, estava sempre presente e os levava a observar o garoto o tempo todo. Acrescentou que qualquer comportamento fora do esperado era atribuído à família biológica. Marcos percebia essas situações e se ressentia, fato que influenciava sua agressividade e a forma cautelosa com a qual se relacionava com as pessoas. Rosana completou seu raciocínio dizendo que Marcos tentava conter seus impulsos agressivos, mas, às vezes, esses escapavam.

Fernanda concordou com o que foi dito sobre a agressividade, mas contestou o fato de o vigiarem. Marcelo, um pouco sarcástico, perguntou se o fato de o levarem ao psicólogo não era mais um dispositivo para o vigiarem. Rosana disse que sim e que ele havia entendido isso. Marcelo afirmou compreender tudo o que ela tinha falado, mas contar sobre a adoção era muito difícil, pois tinha medo de perder Marcos, ou seja, de que ele fosse embora em busca dos pais biológicos.

Rosana perguntou se achava que ele poderia fazer isso sozinho e o pai respondeu que temia uma fuga.

Rosana entendeu que as questões para os pais estavam perfeitamente claras, não se tratava de conscientizá-los de algo já consciente, embora se encontrassem impossibilitados de mudar.

Fernanda contou que Marcos fizera perguntas sobre seu parto, se havia mamado em seu seio e ela mentia a respeito de tudo. Disse, entretanto, que há algum tempo isso não acontecia e podia estar relacionado com o fato de Rosana dizer que o garoto sabia sobre a adoção. Marcelo teceu conjecturas sobre os benefícios de não falar a verdade e Fernanda veio em seu auxílio, dizendo compartilhar seus temores.

Rosana sugeriu que conversassem a respeito e Marcelo se negou, dizendo não haver o que conversar, pois sua decisão estava tomada: não diria nada a Marcos.

Ambos foram para casa mergulhados em seus pensamentos. Viviam um turbilhão de emoções, sentimentos e pensamentos desencontrados e ambivalentes.

DÚVIDAS

Durante os dias seguintes, a família seguiu de forma habitual. No final de semana foram ao clube, encontraram os amigos. Marcos nadou bem e foi reforçado pelo pai que dizia que ele seria um campeão, como ele mesmo foi em sua infância e adolescência. Fernanda estava um pouco tensa, pois temia encontrar a amiga para a qual havia contado seu segredo, mas isso não aconteceu. No sábado à noite, o casal deixou Marcos com os avós e saiu para jantar. O jantar foi permeado por períodos de silêncio.

Mais uma vez, Fernanda pensou na sua relação com o marido. Perguntava-se por que não era mais a mesma coisa. Antes saíam e conversavam o tempo todo, riam, tudo era muito agradável. Agora pareciam não ter tanto assunto, não era tão divertido, pairava sempre uma sombra entre eles.

Questionou-se a respeito de seus sentimentos pelo marido:

"Não o amava mais? O casamento caiu na rotina, como

tantos diziam? Isso tinha a ver com o filho? Com a adoção? Era tudo isso junto?"

Não sabia responder.

"Marcelo pensava as mesmas coisas?"

Não tinha coragem de perguntar.

Era fato que não podiam dizer muitas coisas um ao outro e, talvez por essa razão, tinham se distanciado. Antes tudo podia ser dito, agora não.

MARCOS E A PSICÓLOGA IV

Na semana seguinte, no dia da sessão de Marcos, ele disse à mãe que estava com dor de barriga e não queria ir. Fernanda deu um remédio para o menino e ele acabou indo ao consultório.

A sessão teve início com Rosana e Marcos sentando-se no chão ao redor da caixa lúdica.

Marcos abriu a caixa e olhou todo seu interior, explorando-a. Pegou inicialmente um jogo de encaixe, mas guardou-o. Pegou os bonecos da família e perguntou o que eram. Rosana disse que eram bonecos e estavam em um saco plástico fechado. Ele abriu, retirou uma mulher, uma outra mulher de mais idade, um menino, um homem e guardou o restante dos bonecos na caixa. Pegou a mobília de sala, dispondo-a no chão e depois os móveis de quarto. Continuou procurando alguma coisa na caixa. Após algum tempo desistiu da procura e colocou as duas mulheres e o menino sentados numa cadeira da mobília infantil, separando o homem.

Disse que nessa casa moravam a mãe, o filho e a mulher de mais idade que parecia ser a avó, mas não era, era apenas uma outra mulher que morava na casa. O homem era o pai, mas estava separado, pois estava trabalhando e só voltava para casa à noite. Marcos continuou procurando algo e perguntou se não havia outra mulher como aquela que parecia ser a mãe. A psicóloga respondeu que não havia, mas se quisesse, ela poderia fazer o papel dessa outra mulher. Inicialmente Marcos recusou o oferecimento, mas depois aceitou atribuindo a ela o papel de vizinha.

Marcos colocou as duas mulheres, a mãe e a mais velha sentadas no sofá com o menino no meio. Contou que elas estavam assistindo a TV e pediu para Rosana bater na porta, como uma vizinha chegando, e pedir um café. Tirou a mãe do sofá e a levou para outro canto, que designou como cozinha. Pediu para Rosana falar bem baixinho, como se estivesse sussurrando. Marcos ao invés de se referir a "a mãe", disse "minha mãe", corrigindo-se a seguir. Rosana fez o que o garoto pediu, pegou o boneco que representava o filho, levou-o até o local onde estava a mãe, como se quisesse escutar a conversa. Nesse momento, o menino disse não ter conseguido escutar o que elas conversavam, pois a mãe tinha percebido sua presença e o tinha repreendido.

Marcos retratava naquela sessão uma situação da qual parecia ter total consciência. Percebia o segredo que o envolvia sendo compartilhado por várias pessoas, inclusive mais distantes.

Os movimentos da mãe e de todos que o cercavam provocavam em Marcos um desconhecimento de si e dos outros. A psicóloga sentia que naqueles momentos o menino perguntava a ela e a si mesmo:

"Quem sou eu? Quem é essa mãe que fala algo sobre mim que eu não posso saber? O que posso esperar dela se esconde de mim algo sobre minha vida?"

Marcos recolocou o boneco menino novamente no sofá, quase grudado na outra figura feminina.

Rosana disse que ele ficara com raiva quando a mãe o tinha repreendido e procurou proteção junto à outra mulher.

Marcos respondeu ser uma mulher da imaginação dele. Disse que quando brigava com a mãe ia para perto dessa outra mãe que era mais boazinha, mas isso era secreto. Rosana notou que nem o garoto nem ela mesma se referiam mais ao boneco. Marcos falava na primeira pessoa.

Rosana sabia que, de acordo com várias teorias psicológicas, as crianças, em algum momento, têm a fantasia de que seus pais não são legítimos, e talvez tenham sido apenas adotadas por eles. Trata-se somente de uma fantasia, mas para Marcos isso era uma realidade, tornava-se uma fonte de dúvidas e reproduzia de forma cruel a vivência de abandono, provocando culpa e raiva.

Marcos, em seu jogo, fazia menção à sua dupla origem. Mostrava suas fantasias quanto a ter outra mãe e a idealizá-la. Talvez a idealização tivesse por objetivo valorizar sua origem, mas a contrapartida era de sentimentos de raiva e hostilidade em relação à mãe adotiva.

Parecia ser essa a forma que Marcos tinha encontrado para suprir o desencanto causado por seus pais biológicos que o abandonaram. Para Rosana, a pergunta de Marcos sobre sua origem estava implícita e expressá-la provocava sentimentos de baixa autoestima e uma busca constante por sua identidade, por sua história, por sua biografia.

Além disso, as atitudes dos pais, especialmente nesse caso as da mãe, confirmavam suas dúvidas de que havia algo nele de ruim, sujo, que não podia ser dito.

Rosana também estava angustiada, entendia que Marcos pedia que lhe contassem a verdade, pois não tinha a sua história completa para poder articulá-la no tempo, em uma sucessão de fatos. Vivia uma permanente incerteza. Os outros tinham um mundo que julgavam real, no qual se apoiavam, ele tinha um mundo diferente que não lhe assegurava o suporte necessário para assentar sua vida.

Rosana também se perguntava sobre o que deveria dizer ou fazer naquele momento.

Resolveu perguntar a Marcos o que ele gostaria que aquela mãe fizesse e ele respondeu: que ela gostasse mais dele, ele até achava que ela gostava, mas não entendia por que ela conversava "coisas" com o pai, e ele não podia ouvir. Disse que já havia reclamado disso e os pais diziam que eram conversas de adulto.

Rosana entendeu que o menino atribuía àquela experiência com a mãe o sentido de desamor. Ele tinha dúvidas quanto aos sentimentos que sua mãe nutria por ele e respondia com sentimentos igualmente ambivalentes. Isso poderia explicar sua agressividade para com Fernanda em algumas circunstâncias. Ele parecia não confiar nela, sentia que ela de algum modo era dissimulada e não lhe dava as garantias de que necessitava.

Rosana perguntou sobre o pai, o boneco que ele tinha deixado separado. Marcos respondeu que ele estava voltando do trabalho, fez os dois se abraçarem, sentando-os nas cadeiras que tinha colocado ao redor da mesa como parte da mobília da sala.

Bruscamente interrompeu a atividade, guardou os bonecos nos sacos plásticos, pegou um revólver e atirou em várias direções, inclusive em Rosana. Ela disse que a história contada por ele parecia tê-lo deixado com raiva. Ele negou, mas continuou atirando. Repentinamente parou de atirar, e ficou em silêncio por um certo tempo.

Rosana entendeu que Marcos não conseguia expressar seus sentimentos com relação ao pai. Inicialmente parecia retratar o afeto existente entre ambos, mas havia algo que o impedia de continuar. Mergulhava em algo indefinível, de difícil acesso, e defendia-se da angústia por meio de sentimentos de raiva, agressividade e medo.

Marcos parecia não ter nada mais a dizer. Permaneceram

em silêncio por algum tempo. Rosana então anunciou o fim da sessão e Marcos perguntou se voltaria. Ela respondeu que sim.

A CONSEQUÊNCIA

No retorno à casa, Fernanda perguntou ao filho como tinha sido a sessão. Ele respondeu monossilabicamente: "bom". A mãe insistiu e pediu que ele contasse o que tinha feito. Mais uma vez ele respondeu a contragosto: "brinquei".

Fernanda indagou qual brincadeira tinha realizado e o garoto não quis contar. Ela ficou nervosa e disse que quando ia à psicóloga ele voltava de mau humor, sem falar nada. Em resposta Marcos disse:

"Então me tira de lá, eu não quero mais ir mesmo".

Fernanda argumentou que ele continuaria indo até que seus pais definissem a hora de parar. Marcos permaneceu quieto, emburrado, até chegarem em casa. Fernanda, por sua vez, ficou nervosa.

Quando Marcelo chegou, Fernanda relatou o episódio, disse que o menino por vezes a exasperava, ficava sem saber como lidar com ele. Ao ouvir isso, Marcelo falou ter sido ela mesma quem havia inventado de "ir à psicóloga", inicialmente ele não queria ir e ela o forçou. Fernanda irritou-se mais ainda com a fala do marido, perguntou-lhe o que ele gostaria de ter feito, pois afinal o menino tinha roubado o dinheiro deles. Perguntou se ele não temia esse comportamento de Marcos, pois não sabiam nada a respeito de seus pais biológicos.

Marcelo mandou Fernanda "calar a boca" e a discussão tornou-se mais séria e calorosa. Marcos apareceu para ver o que estava acontecendo e eles disseram que era coisa de adulto e ele deveria ir para seu quarto.

O casal permaneceu trocando acusações até que Fernanda bateu a porta e foi para o quarto. Marcelo permaneceu no escritório.

Em determinado momento, Marcos entrou no quarto da mãe, perguntou se ela estava triste e ela respondeu que sim, havia discutido com o pai. Marcos perguntou se era por culpa dele. A mãe abraçou-o e negou, nada tinha a ver com ele.

Fernanda ficou penalizada, angustiada pela situação do garoto. Perguntava-se o que estavam fazendo com ele, sentia-se uma péssima mãe, levando Marcos a se sentir culpado. Questionou mais uma vez sua relação com o marido. O que acontecia com eles. Ele tinha mandado que calasse a boca, num tom agressivo. Antes essas coisas não aconteciam, mas agora eram frequentes. Chorou por um bom tempo, depois adormeceu.

Nos dias seguintes, o casal trocou poucas palavras e não falou sobre a briga. No final de semana, tiveram vários compromissos sociais o que os impediu de ficarem sozinhos. É como se ambos evitassem um contato mais íntimo e pessoal.

Marcos também andava calado. Passava muito tempo no computador. Parecia haver uma sombra sobre aquela família.

ENCONTRO COM PAIS VII

Rosana os cumprimentou e perguntou se tinham algo a colocar. Marcelo respondeu um tanto asperamente com outra pergunta:

"Isso é uma forma de você saber se conversamos a respeito da última sessão? Se é, posso dizer que conversamos, mas não chegamos a nenhuma conclusão". A seguir, perguntou sobre Marcos.

Rosana deu-se conta de que a pergunta do pai encobria o desejo de saber se o garoto estava sendo prejudicado, pelo fato de não revelarem a adoção. Esse entendimento foi confirmado pelo pai.

Rosana disse que, como já havia falado, Marcos percebia a existência de um segredo em torno dele, que várias pessoas conheciam e ele não. Em virtude disso, sentia raiva e muitas vezes tornava-se agressivo.

O olhar de Marcelo foi de descrédito. Fernanda permaneceu atenta, mas calada. Segundo Marcelo, o casal percebia Marcos incomodado com algo, mas não sabiam o que era.

Na opinião de Rosana, o que incomodava era a dúvida, saber se era ou não adotado. Isso a seu ver, gerava insegurança e agressividade. Disse ainda que Marcos era uma criança sensível e inteligente, que percebia o ambiente de maneira adequada e gostaria de se relacionar melhor e ter mais confiança neles.

Marcelo retrucou dizendo que ficava muito difícil para eles analisar a criança sob esse aspecto. A psicóloga perguntou a que aspecto se referia e a questão da confiança veio à tona.

Fernanda interveio, dizendo perceber que Marcos era uma criança carinhosa, mas eventualmente os desafiava. Aproveitando a oportunidade, a psicóloga comentou que Fernanda, tal como seu filho, nem sempre dizia o que pensava, muitas vezes aceitava as colocações de Marcelo, mesmo discordando delas. Fernanda concordou e disse que talvez isso acontecesse porque, no fundo, achava que o marido sabia mais da vida do que ela.

Mais uma vez surgia o conflito do casal. Em alguns momentos, Fernanda mostrava-se conformada e em outros, desafiadora. Ela oscilava.

Marcelo mudou o assunto, como sempre. Todas as vezes que as diferenças entre o casal apareciam, eram negadas de forma velada ou explícita, com o consentimento de Fernanda.

Isso levava Rosana a pensar que Marcelo tinha dificuldade em lidar com o outro. O "diferente" não podia existir naquela relação, pois significava ameaça de desmoronamento. O que eles não compreendiam é que esse desmoronamento podia significar também uma reconstrução, uma apropriação do filho e de suas próprias vidas.

Nessas circunstâncias, Rosana preferiu aceitar o ritmo imposto pelos pais. Considerou que qualquer intervenção não seria suportada e poderia precipitar uma ruptura no processo terapêutico.

Outro tema veio à tona. A dificuldade de Fernanda colocar limites para Marcos. O pai disse ser ele quem colocava as regras, mas Fernanda por vezes "passava a mão na cabeça" do menino.

Rosana questionou Fernanda e ela confirmou que isso acontecia, não conseguia dizer não para Marcos, por ter pena ou não querer magoá-lo. Contou que naquela mesma semana ele tinha pedido para comer hambúrguer no almoço. Ela não deixou, pois ele deveria ter uma alimentação saudável durante a semana e somente no fim de semana essas extravagâncias seriam possíveis. Marcos ameaçou não falar mais com ela até que fizesse sua vontade, e de fato não falou. Fernanda contou que o silêncio do menino foi insuportável para ela e, no dia seguinte, o levou à hamburgueria.

Rosana apontou que, nessa situação, ela havia trocado de papel com o garoto, ele tinha sido o pai e ela a filha. Essa intervenção teve um grande impacto sobre Fernanda que se descontrolou, como se algo se destampasse dentro dela, sob o olhar incrédulo de seu marido.

Chorou copiosamente e, entre lágrimas, disse não suportar a pressão feita por Marcos em algumas situações, sentia culpa se não fizesse o que ele queria. Na verdade, sentia-se culpada, uma culpa real, a culpa de não ser a mãe que o gerou. Para Rosana, emergia naquele momento uma das questões cruciais do caso. Fernanda sentia-se culpada, em débito com a criança, pois não havia sido ela quem o concebera. Seu sofrimento era fruto não só do que não havia propiciado à criança, mas também da dor de perceber que o gerar, uma das muitas possibilidades humanas, que poderia ter sido concretizada para ela, não o foi. Fardo não escolhido, pelo qual precisava se responsabilizar.

Fernanda parecia, também, querer poupar Marcos. Para ela, o estigma do abandono inicial pela mãe biológica marcava Marcos definitivamente e cabia a ela compensá-lo disso. Para Fernanda, qualquer ato mais enérgico da sua parte faria o garoto reviver a situação de rejeição.

Marcelo ouviu o desabafo de sua esposa em silêncio, com o semblante tenso. Fernanda, num impulso, disse ter vontade de contar tudo a Marcos. Chegou a dizer até que se alguém, que não fosse ela, contasse a verdade, se sentiria aliviada.

Marcelo, lívido, teve um sobressalto na cadeira e interferiu afirmando ser aquela situação absurda. Fernanda ignorou solenemente a fala de seu marido e reafirmou seu desejo. Rosana notou que aquela mulher que tinha se mantido tantos anos fechada em si mesma vislumbrava agora a possibilidade de mudar. Entretanto, enfrentava a barreira imposta por Marcelo, o qual parecia obstinado e impossibilitado de lidar com mudanças.

Fernanda disse que se sentia frágil e impotente, pois contar a verdade ao menino já era difícil, lutar contra seu marido mais ainda.

Marcelo reagiu e disse estranhar muito essa atitude. Fernanda não voltou atrás, seu tom era de raiva. Marcelo tornou-se tenso e ansioso e manifestou o desejo de ir embora, afastando-se da situação.

Para Rosana, o casal tinha feito um pacto no qual, juntos, alimentavam uma mentira, a concretização de um objetivo que, de fato, era impossível de ser realizado. Marcos foi colocado no lugar do filho que poderia ser, mas não tiveram e, assim, não conseguia ocupar adequadamente o lugar que os pais lhe destinavam.

Fernanda, por conta da esterilidade de Marcelo, se mostrou afetiva e protetora, evitando contrariá-lo, mesmo a custo de submeter-se. Provavelmente esse comportamento era uma forma de encobrir os sentimentos de raiva e frustração gerados pela limitação de seu marido que, de certo modo, tornou-se sua própria limitação.

Rosana fez uma última intervenção, mostrando a Marcelo o quanto estava difícil para ele ficar ali, mas ele não concordou. Houve um silêncio pesado, quebrado por Marcelo quando contou como se sentia pressionado. Rosana respondeu que o compreendia, pois o filho cobrava a verdade, sua mulher estava disposta a contar e ela mesma achava inviável a continuidade do atendimento do garoto caso ele não soubesse sobre a adoção.

Marcelo prometeu pensar sobre isso e Rosana encerrou a sessão.

O CASAL

Saíram do atendimento abatidos, mas contrariando a expectativa de Fernanda, Marcelo, ao chegar em casa, propôs que viajassem, somente os dois, no final de semana. Ela surpreendeu-se, pois estavam tão distantes um do outro, que se perguntava se haveria clima para romance. Perguntou ao marido se esse seria o momento adequado e ele se aborreceu. Disse que estava tentando "arrumar" o relacionamento e ela não entendia. Acrescentou que ela sempre estragava tudo. Fernanda ofendeu-se e disse que enfrentava a realidade, enquanto ele queria maquiá-la. Ambos gritaram e se tornaram agressivos um com o outro. Fernanda saiu e trancou-se no quarto, Marcelo no escritório.

Marcos ouviu a discussão, e se perguntava se a culpa era dele. Não entendia bem, mas sentia que de algum modo estava no meio da briga. Sentia-se angustiado e misturavam-se nele sentimentos de culpa e raiva.

Em seu quarto, Fernanda, chorava e sentia-se mal, até fisicamente. Seu estômago doía, assim como sua cabeça.

Em seus pensamentos, contestava o afeto, o amor que já havia sentido pelo marido. Não compreendia a sua lógica.

"Como, num momento desse, ele quer viajar? Não há clima, não há desejo. O que ele acha que vai acontecer lá? Pensa que um final de semana pode mudar toda uma vida?"

Marcelo estava ressentido, culpava sua esposa por tudo que estava acontecendo. Achava que ela não queria acertar as diferenças entre eles.

Também se questionava a respeito de seus sentimentos:

"Será que ainda a amava?"

Ela tinha mudado muito, não era mais a menina entusiasmada com a vida que ele conheceu. Parecia pesada, amarga e, às vezes, intratável. Do ponto de vista físico, achava a esposa bonita e atraente, mas a relação entre eles não era a mesma.

Repentinamente, uma batida na porta do escritório interrompeu seus pensamentos: era Fernanda. Ela aceitava a proposta de viajarem no final de semana. Contou ter pensado a respeito e talvez fosse bom saírem do cotidiano, afastarem-se dos problemas, achava que valia a pena tentar. Conversaram um pouco a respeito de aonde ir. Optaram por praia: Rio de Janeiro. A secretária de Marcelo faria as reservas de avião e hotel. Fernanda conversou com sua mãe a respeito e combinaram que Marcos ficaria com ela no final de semana. Contaram ao menino sobre a viagem e ele não esboçou nenhuma reação.

O final de semana foi ensolarado e o Rio de Janeiro estava lindo. Tinham muitas lembranças daquela cidade porque, quando namorados, iam muitas vezes para lá. Lembranças felizes, amorosas, carregadas de alegria e leveza. Foram à praia. Tentaram retornar a lugares aos quais já tinham ido antes, alguns existiam, outros não mais.

O fim de semana foi calmo até certo ponto. No entanto, no sábado, quando estavam jantando num conhecido restaurante da cidade, Fernanda tentou falar sobre contar a verdade da adoção para Marcos. Marcelo ficou nervoso e agressivo, disse que ela sempre estragava tudo, não conseguia viver em "paz", queria sempre "guerra". Fernanda também se alterou, argumentou que ele não tinha sensibilidade, só via "o próprio umbigo", não notava o sofrimento que ambos causaram a Marcos. Contou que ele havia perguntado se era culpado pelas brigas dos pais. Marcelo fechou-se e daí para frente não houve mais trégua; ou permaneciam em silêncio ou, se falavam, brigavam. Voltaram a São Paulo. Nada tinha mudado, as dúvidas e angústias permaneciam.

Nova semana teve início e com ela um novo atendimento psicológico para Marcos. Ele manifestou à mãe o desejo de não ir, mas ela disse que tinha que ir.

MARCOS E A PSICÓLOGA V

Ao entrar na sala de atendimento, Rosana tentou estabelecer um diálogo com Marcos, mas ele permaneceu em silêncio. Olhava para a caixa lúdica e para a psicóloga, mas permanecia quieto. Rosana observou que ele estava diferente, mas não sabia em quê. Perguntou o que queria fazer e ele respondeu que não sabia, mas não queria a caixa lúdica.

Ela disse que ele falava uma coisa, mas, seu olhar, sua expressão, diziam outra. Ele continuou calado. A psicóloga achou que algo estava acontecendo naquele atendimento, mas não conseguia identificar o que era. Marcos estava fechado, distante, e a proximidade que haviam experimentado em encontros anteriores não estava mais presente. Ele estava hostil e fitava a psicóloga com desconfiança.

Falou que não abriria a caixa lúdica e Rosana deveria dizer-lhe o que fazer. Ela comentou como ele estava mudado, mas ainda disposto a fazer-se conhecer. Ele respondeu que ela já o havia conhecido e nada tinha feito por ele.

Rosana ficou surpresa e chocada, mas entendeu a comunicação de Marcos. Ela havia garantido a ele um relacionamento verdadeiro e confiável, no qual os fatos seriam revelados, compreendidos e clareados. Entretanto, não cumprira sua parte no acordo. Ele tinha dito muitas coisas sobre ele mesmo e pedira somente para ela confirmar uma verdade da qual já tinha conhecimento, mas que precisava ser explicitada. Contudo, seu pedido não foi atendido, uma vez que não competia a ela atender a essa demanda, por questões éticas.

Rosana pensava que, para Marcos, ela se tornara mais uma pessoa que, numa cumplicidade com seus pais, escondia algo que ele tinha por direito saber. Ela não podia contestar o menino, apenas podia trabalhar com seus pais o quanto estava angustiante para ele essa questão, o quanto lhe trazia de sofrimento e distanciamento de si mesmo. O desconhecimento de sua origem remetia a dificuldades quanto à própria identidade.

Marcos contou como estava bravo com ela e ela perguntou se sugerir alguma atividade ajudaria. Ele respondeu afirmativamente. Sugeriu então que desenhasse, aquilo que quisesse.

Marcos desenhou uma galinha com pintinhos e disse que era uma galinha dando comida a seus filhotes. A seguir fechou-se e não respondeu a nenhuma outra pergunta. Alegou que não queria fazer nada mais, nem desenhar.

Rosana percebeu que Marcos não parecia mais a mesma criança; a rica produção, a criatividade, a capacidade de elaboração apresentadas em sessões anteriores não apareciam mais. Havia um movimento de fechamento e desmotivação. O encanto havia-se quebrado.

Rosana retomou com Marcos o processo pelo qual passaram e propôs a suspensão dos atendimentos por algum tempo. Explicou-lhe que prosseguiria com seus pais, pois julgava ser essa a única forma de ajudá-lo. Ele pareceu entender e concordar.

Rosana via-se diante de uma situação limite, e sua tentativa, embora drástica, foi a de fazer um movimento para o menino perceber que, mesmo à distância, ela se empenharia no sentido de ajudar seus pais a ajudá-lo. Além disso, assumia o fato de não poder ajudá-lo naquele momento, o que tinha por finalidade restabelecer a confiança e autenticidade prometidos anteriormente. Para ela era difícil perceber se a criança havia atribuído o mesmo sentido que ela às colocações feitas, mas a julgar pela expressão facial e reação geral do garoto, que parecia muito aliviado, sim.

A ESCOLA

Fernanda e Marcelo trocaram poucas palavras durante a semana. Marcos também parecia nervoso, com a fisionomia tensa. Fernanda recebeu um telefonema da escola solicitando uma reunião com ela. Ao receber o comunicado, começou a chorar. Temia o discurso da coordenadora. Perguntava o que teria acontecido na escola para motivar esse telefonema.

Chamou Marcos e indagou sobre o acontecido. Inicialmente ele respondeu que não tinha acontecido nada. Fernanda o pressionou e ele manteve-se calado. Ela disse que, caso não contasse, ficaria de castigo. Mesmo assim o garoto não disse nenhuma palavra. Fernanda estava exasperada, tinha ímpetos de bater nele, mas controlou-se. Disse apenas que conversaria com o marido. Marcos permaneceu na mesma posição, sem movimentar um músculo sequer do rosto.

Fernanda deixou o menino sair do quarto, pegou o celular e discou para o marido. Contou sobre o telefonema da escola e disse ter agendado a reunião para o dia seguinte. Marcelo comentou que ela amplificava os fatos, que achava "normal" a mãe ser chamada na escola. Acrescentou que crianças brigam, fazem "arte" e o papel da mãe é atender ao chamado quando necessário e, se ela não conseguia fazer isso, não podia ser mãe. Fernanda ficou chocada, sentiu como se tivesse levado uma bofetada.

Falou para Marcelo que ele nunca a tinha tratado daquela forma, que ele a estava agredindo e a responsabilidade pelo filho era dos dois e não só dela. Disse ainda que essa omissão por parte dele retratava seu medo de enfrentar a situação, deixando-a sozinha mais uma vez. Discutiram por algum tempo, um culpando o outro pelos problemas e dificuldades que estavam vivendo.

Marcos, em seu quarto, tampava os ouvidos para não escutar os berros da mãe. Marcelo chegou tarde em casa, Fernanda já estava no seu quarto, assim como o menino. Resolveu que dormiria no escritório.

No dia seguinte, Fernanda compareceu à escola no horário determinado. A coordenadora, muito solícita, informou que o motivo da reunião era o comportamento de Marcos nos últimos meses. Disse que o menino estava cada vez mais sozinho, ou seja, permanecia sozinho no intervalo, não gostava de fazer trabalho em grupo e, na última semana, havia empurrado um menino no pátio.

Fernanda perguntou qual foi a atitude do menino para Marcos ter aquela reação. Segundo a coordenadora, como ele permanecia muito tempo sozinho, os outros comentavam, diziam que ele "é chato", o que a coordenadora considerava "coisa de criança".

Fernanda argumentou que, nesse caso, seu filho só se defendeu de uma agressão não física, mas verbal. A professora não contestou, mas por sua expressão a mãe percebeu que ela não concordava. Perguntou pelo desempenho do filho, se este também tinha se alterado. A coordenadora disse que não, Marcos continuava sendo um aluno brilhante. Apesar de sentir vontade de falar, Fernanda omitiu todos os fatos: a adoção, a ida ao psicólogo, o péssimo relacionamento entre ela e o marido. Ao invés disso, conversaria com Marcos a respeito do que tinha sido dito, e não tinha ideia do que motivara os comportamentos descritos.

Ao chegar em casa, Fernanda chorou. Sentia-se deprimida, paralisada, não sabia o que fazer, nem o que dizer. Depois da discussão com o marido no dia anterior, queria telefonar-lhe, contar o que tinha sido dito, mas não tinha coragem, tinha medo de sofrer outro ataque. Sentia-se muito triste. Só queria dormir, e assim o fez.

Alguns dias se passaram, a rotina familiar permaneceu a mesma. O casal, entretanto, trocava poucas palavras, apenas o essencial. Parecia haver um abismo entre eles.

No final da semana almoçaram na casa da mãe de Fernanda. Ela chamou a filha para um canto da casa e perguntou o que estava acontecendo. Comentou que a achava triste, aborrecida, muito magra. Fernanda fez um gracejo dizendo que estar magra era um elogio, que era muito melhor ouvir isso de sua mãe do que ouvir que estava gorda. A mãe insistiu, mas Fernanda negou estar triste ou preocupada. Porém, em seu íntimo, pensou sobre suas angústias estarem visíveis para todos.

ENCONTRO COM PAIS VIII

Um novo atendimento psicológico com o casal foi realizado em uma segunda-feira. Ao entrarem na sala, Rosana procedeu aos cumprimentos habituais e, em seguida, pediu para expor a situação, conforme sua ótica.

Disse novamente sobre Marcos ser um menino inteligente e que os pais a haviam procurado com a queixa de ter tirado dinheiro. Marcelo a interrompeu e considerou que esse fato não tinha se repetido, e mesmo a agressividade do menino havia melhorado. Buscou a confirmação de sua esposa, e obteve. É como se Marcelo quisesse dizer que sua queixa havia desaparecido e, sendo assim, não havia mais razão para estarem ali.

Rosana ignorou a observação do pai, retomou o fato e o associou ao segredo da adoção. Marcelo disse não ter entendido, e Rosana repetiu de outra forma.

Fernanda também disse que tinha dificuldade em entender e, mais uma vez, Rosana repetiu sua fala acrescentando os aspectos ligados à desconfiança existente na relação entre pais e filho. O pai questionou-a sobre os motivos que a levavam a fazer tais afirmações.

Rosana pensou que havia mencionado fatos conhecidos, já ditos anteriormente, contudo, ambos agiam como se nunca os tivessem escutado. Parecia que pressentiam o que viria a seguir e que tentavam evitar. Disse a eles que, em toda a atividade realizada com o garoto, a questão da adoção aparecia e ele deixava claro querer uma confirmação, um esclarecimento, e como este não vinha, sentia-se inseguro, sem saber em quem confiar.

O pai reagiu, alegando mais uma vez a recusa de contar a verdade, uma vez que temia reações de agressividade e revolta, fato acontecido anteriormente.

A psicóloga interveio e disse que o menino já sabia, mas a situação dúbia o deixava inseguro, sem saber de fato quem ele era.

Nesse momento Fernanda colocou seu conflito: por um lado queria contar a verdade, mas se sentia frágil e impotente para fazê-lo; por outro lado, tinha medo que Marcos fugisse de casa, ou quisesse procurar seus pais biológicos, abandonando-a e ao marido.

Rosana percebeu que a situação estava muito difícil para ambos. Tudo o que tinha sido apontado em sessões anteriores tinha sido compreendido, mas era sentido como ameaça. Nada tinha mudado: um pai irredutível, uma mãe reticente e vulnerável, oscilando entre o desejo e o medo.

Rosana resolveu confrontá-los com a realidade ao mencionar ser o medo da fuga de Marcos uma fantasia, e que, pela própria condição de ser criança, ele não conseguiria efetuá-la. Eles concordaram. Marcelo, porém, enfatizou o fato de que o conhecimento da verdade traria sentimentos de tristeza e raiva. E seriam eles, os pais adotivos, mesmo amando tanto a criança, que o colocariam nessa situação.

Marcelo retrucou que o temor da fuga do menino não era mera fantasia. Relembrou um episódio de sua infância, no qual sua mãe, por conta de suas travessuras, falou que tinha sido trocado na maternidade. Lembrou-se de como se sentiu e associou isso aos possíveis sentimentos do filho.

Rosana refletia. Todo ser humano tem necessidade de conhecer sua origem. Tal conhecimento dá suporte e uma ancoragem segura para a existência. Aquele pai mostrava o quanto havia se angustiado, quando sua origem fora questionada. Era um paradoxo, pois, apesar disso, ele negava esse conhecimento ao filho. O que ele não entendia é que Marcos tinha necessidade de conhecer sua origem, por mais que isso fosse doloroso. Marcos buscava a si mesmo, sua identidade. Os argumentos estavam todos lá, e o próprio pai os fornecia, mas ele os olhava por um prisma invertido, acreditando que ao sustentar uma mentira iria poupar o garoto de um sofrimento maior.

Pensou que o fato de Marcos não ser seu filho biológico mergulharia Marcelo no vazio, no nada. A psicóloga deu-se conta de que seu pedido era insuportável para aquele pai.

Houve uma fala prolongada por parte de Marcelo, elencando argumentos contrários a contar a verdade para Marcos. Fernanda tentou interrompê-lo por várias vezes, mas ele a cortava. Fernanda desistiu.

Rosana apontou as diferenças entre o casal e, mais uma vez, Marcelo a interrompeu alegando que contar a verdade sobre a adoção demandava a conivência de ambos e, como ele não concordava, não haveria mais diálogo sobre isso.

Rosana comentou que aquela situação se tornara fonte de sofrimento para os três. Marcelo concordou, mas não conseguia mudar de opinião, só de pensar, sentia abrir-se um "buraco" dentro dele. Marcelo, ao retratar sua impossibilidade, o fazia com um medo intenso, ou seja, parecia que contar a verdade era colocar em risco seu próprio existir e o de seu filho. Havia, na força de suas palavras, sentimentos e sensações que transmitiam morte, sua morte e a da criança.

Diante disso, Rosana repetiu aos pais que Marcos, no início do atendimento, parecia disponível e pedia ajuda. Entretanto, quando mostrava sua necessidade de saber a verdade e nada era feito, sentia-se agredido, traído. Nessa perspectiva, não se sentia capaz de ajudar o garoto.

Fernanda respondeu que estava na hora de se colocar de maneira mais assertiva do que habitualmente. Seu desejo era contar sobre a adoção, mesmo correndo riscos, estava cansada de guardar esse segredo. Acrescentou que o marido podia se alterar, brigar, mas ela não voltaria atrás.

Durante todo o processo, Fernanda tinha tido movimentos de avanços e recuos. Mas naquele momento, parecia ter rompido definitivamente com sua ambivalência anterior. Estava firme e decidida. Disse ainda que não gostaria de dar continuidade ao atendimento de casal, pois achava que quem precisava de ajuda era Marcelo e não ela.

Marcelo manteve-se pensativo por algum tempo e depois pediu esclarecimentos a Rosana sobre como seria um atendimento só para ele, individual.

Ela explicou se sentir pouco à vontade para prosseguir somente com ele. Marcelo alegou que confiava nela e não queria rever tudo com outra pessoa. Rosana insistiu: com outra pessoa ele estaria mais livre. Outro profissional estaria menos contaminado e possivelmente ofereceria melhor contribuição à elaboração de suas questões.

Rosana perguntou a Marcelo se ele realmente sentia necessidade de fazer psicoterapia e ele disse que sim e pediu-lhe para indicar alguém.

Rosana sugeriu então que fizessem um último atendimento na semana seguinte, na qual já teria a indicação solicitada e, desse modo, finalizariam o processo.

Despediram-se e Rosana seguiu pensando que pareciam ter encerrado ali. Do ponto de vista da mãe, tinham obtido algum sucesso, na medida em que ela pôde expressar sentimentos por tanto tempo guardados e firmar sua posição. Com relação ao pai, as sessões foram um alerta de que algo acontecia com ele e deveria ser olhado mais detalhadamente, o que ele se dispôs a fazer numa psicoterapia individual.

A BRIGA

Este dia, Marcelo não voltou ao trabalho, foi para casa com Fernanda. Fizeram o trajeto de volta calados. Chegando em casa, Fernanda perguntou ao marido se não ia dizer nada. Ele respondeu que não, não havia nada a ser dito.

Fernanda ficou irada e raivosa e disse que ele sempre fazia tudo daquela forma, fingindo nada ter acontecido, ignorando a realidade, desde a descoberta de sua esterilidade. Ao invés de conversarem, de olharem o que estava acontecendo, ele se fechou, não conversava e repentinamente veio com a solução: adoção.

Marcelo considerou que ela, ao falar daquela forma, parecia não ter participado da decisão. Ela respondeu furiosa que não tinha participado mesmo, de nada.

Ele perguntou o que ela queria dizer com isso. Fernanda chorando e aos gritos disse que ela era perfeita, podia ter filhos, ele havia impossibilitado sua gravidez, trazendo a ideia da adoção e no momento seguinte já estavam viajando para realizá-la. Adotaram a criança e nunca mais puderam conversar sobre isso. Falou que tinha muitas dúvidas e nunca pode compartilhá-las com ele, pois não estava aberto a essa conversa. Agora, mesmo ouvindo a psicóloga falar que o menino pedia uma explicação, ele se recusava.

Fernanda continuava chorando e Marcelo, lívido, perguntou se ela o culpava por não ter tido filhos biológicos. Primeiro ela respondeu que não, depois disse: "Você quer saber a verdade"? "Sim, eu culpo você"! "Você é o culpado por estarmos nesta situação".

Marcelo estava incrédulo, pálido, sem forças. Discutiu com Fernanda e a agrediu verbalmente, dizendo que ela não era nem boa esposa, muito menos, boa mãe. Ela argumentou que achava irracional ele dizer uma coisa dessas, já que ela tinha abandonado quase tudo para dedicar-se a ele e ao filho, e se sentia insatisfeita com tudo.

Marcelo disse que também se sentia assim e talvez a solução fosse a separação. Fernanda parecia ter levado um tapa. Inicialmente ficou paralisada, imóvel. Posteriormente, retirou-se para seu quarto e ambos não se falaram mais durante a semana.

Marcos percebeu o clima familiar. Perguntou à mãe se tinha acontecido alguma coisa e ela mencionou uma briga com o marido. Mais uma vez perguntou se era por culpa dele e a mãe novamente, abraçando-o, negou. Acrescentou tratar-se de problemas do casal. Falou ainda que um dia ele entenderia, que os adultos complicam muito as coisas e sofrem por fatos que não deveriam sofrer. O menino a ouviu atentamente e argumentou que ela nunca tinha falado daquela forma com ele, que ela nunca tinha explicado tão bem para ele os acontecimentos. A mãe o abraçou e, com lágrimas nos olhos, falou que o amava muito.

Fernanda, apesar de todos os problemas, sentia-se bem, mais inteira, mais forte. Pela primeira vez, sentiu-se verdadeira ao falar com o filho.

ÚLTIMO ENCONTRO COM PAIS

Marcelo e Fernanda foram à última sessão com Rosana. Ela fez um encerramento, sintetizando o trabalho feito. Fernanda disse a ela que agradecia por tudo e estava mais forte e consciente de seus anseios e desejos.

Marcelo pela primeira vez mostrou-se frágil e inseguro. O nome, endereço e telefone do outro profissional foi dado a ele por Rosana, e o trabalho encerrado.

A APROXIMAÇÃO

Fernanda estava cada vez mais próxima de seu filho, viam filmes juntos, jogavam, iam ao cinema. Mas estava cada vez mais distante do seu marido. Pouco conversavam depois daquela briga. Nunca mais tinham comentado sobre separação. Em uma reunião na escola, soube que havia tido uma mudança no comportamento de Marcos, estava mais sociável, relacionava-se mais com os colegas.

Fernanda voltou para casa e parabenizou o filho por sua melhora na escola. Contou como estava feliz com ele. O menino falou que também estava feliz com a mãe, que ela estava sempre com ele e a adorava. Fernanda surpreendeu-se com aquelas palavras e perguntou o que ela tinha feito para deixá-lo tão feliz. O menino não sabia, mas resolveu contar-lhe algo. A mãe ouviu-o atentamente e ele a informou que, quando empurrou o menino na escola, o fez de propósito, porque queria que ela fosse chamada lá, que prestasse atenção nele.

Fernanda sentiu um impacto, perguntou se ela não lhe dava atenção e ele respondeu que agora dava, só faltava ela lhe contar "uma coisa". A mãe pareceu não entender e indagou sobre qual assunto ele queria saber ou conversar. O garoto disse que não podia falar, ela teria que adivinhar.

Fernanda estava calma, mas assustada. Perguntava-se.

"O que ele quis dizer"? "Estaria falando sobre a adoção?"

Ao anoitecer, quando Marcelo chegou, contou o acontecido. Ele respondeu que não tinha nada a dizer, estava fazendo psicoterapia e, quando pudesse falar alguma coisa, avisaria.

Fernanda não quis iniciar outra discussão, estava cansada de tudo aquilo. Tinha certeza de que depois de ter assumido sua raiva pelo marido, seu desconforto por não ter podido gerar uma criança, seu desejo de contar sobre a adoção, tinha sido melhor mãe. Para ela, isso era a verdade, tanto assim que a escola tinha feito elogios às mudanças da criança.

Ignorou a fala do marido e agiu como se nada tivesse acontecido. Dentro dela, entretanto havia uma pergunta que não podia calar:

"Quanto tempo aguentarei isso?"

A VERDADE

Semanas passaram e, num determinado dia, Marcelo lhe disse que estava preparado para falar com o filho sobre a adoção. A psicóloga que o atendia tinha sugerido que dissessem ao menino que tinha nascido do coração do casal, mas não da barriga de Fernanda. Acrescentou ainda que não precisavam fazer disso um circo, era só falar.

Após o jantar, conversaram com o garoto conforme o combinado, quando terminaram o menino falou:

"Eu já sabia".

Marcelo respondeu que era bom que ele já soubesse, pois assim nunca mais precisariam tocar no assunto.

Fernanda ia dizer que isso não poderia funcionar desse jeito, era um absurdo, mas desistiu. Não queria provocar uma briga na frente do menino, ainda mais por esse motivo.

Quando Marcos foi para o quarto dormir, ela perguntou-lhe se queria falar sobre o assunto. Ele respondeu que não podia, seu pai não queria.

Fernanda comentou que com ela Marcos podia falar e contou-lhe toda a história. Ele perguntou quem era sua mãe e por que ela não tinha ficado com ele. Respondeu que não a tinha conhecido, mas sabia que era uma pessoa com poucos recursos e por essa razão não podia cuidar dele. Percebeu duas lágrimas rolando pelo rosto de Marcos e pelo seu também. Ambos se abraçaram e choraram.

Fernanda estava muito, muito aliviada. Estava quase feliz.

A vida do casal nunca mais foi a mesma. Dia a dia se questionavam se queriam continuar juntos, casados. Já não tinham assuntos comuns e, embora tivessem contado para Marcos sobre a adoção, Marcelo se recusava a tocar no assunto ou a responder eventuais perguntas do menino a esse respeito. Quando queria saber alguma coisa, o garoto recorria à mãe, mas isso era raro. Marcos parecia bastante feliz e satisfeito. Não era mais o mesmo menino de antes, estava mais leve, menos tenso, menos ansioso.

Em conversa posterior, quando estavam sozinhos, Marcelo sugeriu a Fernanda que procurasse Rosana para informá-la sobre o ocorrido. Segundo ele, a psicóloga merecia saber.

Ambos concordaram.

O ÚLTIMO ATO

Marcelo procurou Rosana, a psicóloga que os tinha atendido anteriormente. Queria dizer a ela que tinha contado para o filho sobre a adoção. Marcou uma consulta e, no dia combinado, ele e Fernanda compareceram ao consultório.

Quando entraram na sala, o pai falou que gostaria de lhe dar uma satisfação, já que o havia ajudado anteriormente. Comentou que ainda fazia psicoterapia com a pessoa indicada por ela. Acrescentou que ele e Fernanda tinham contado a verdade para Marcos. Relatou que não tinha sido fácil para ele, tinha sido um imenso sofrimento.

Rosana perguntou como tinha acontecido. Ele respondeu que, em sua fantasia, pensava que o garoto ao saber a verdade ficaria com raiva, mas que isso não aconteceu. Observou que a psicoterapeuta que o atendia o havia incentivado a contar a verdade de forma simples e natural. A partir disso, em uma noite, enquanto jantavam falaram que o menino havia nascido do coração deles, mas não da barriga de Fernanda.

Comentou que, antes de fazer isso, tinha ensaiado a fala, tinha pensado em viajar, mas a psicóloga o havia alertado para não fazer disso um ritual, uma cena montada.

Relatou como, por várias vezes pensava em falar sobre a adoção, mas perdia a coragem. Foi um processo longo de dor e sofrimento antes que contassem.

Acrescentou que, após falar, sentiu como se tivesse cumprido uma missão, tinha realizado sua tarefa e agora não precisava e não queria mais dizer nada sobre o assunto.

Fernanda alterou-se, fez duras críticas ao marido e referiu não pensar daquele modo. Contou que o menino no mesmo dia tinha perguntado a ela sobre sua história, sobre sua mãe biológica e ela havia contado toda a verdade.

Nesse momento foi a vez de Marcelo se alterar. Tinha um tom áspero na voz e repreendeu a esposa por ter em suas palavras "esticado o assunto" e, mais ainda, por não ter comentado isso com ele. Rosana percebeu que o fato tinha assumido significados diferentes para cada um deles. Fernanda parecia feliz, aliviada e consciente de seu papel de mãe. Marcelo parecia ter seguido uma orientação de Rosana e da psicoterapeuta que o atendia. Era como se tivesse seguido uma prescrição médica, uma receita, da mesma forma que faria se tivesse ido ao médico com dor de cabeça e este lhe receitasse um remédio. Ele o tomaria por mais amargo que fosse, e assim o fez.

No entanto, sua postura diante do filho não havia mudado.

Tentou apontar isso para Marcelo, alegando haver ainda um segredo: continuava impedindo-o de fazer qualquer pergunta ou consideração a esse respeito.

Marcelo desconsiderou os apontamentos feitos e observou que Marcos parecia outra pessoa, estava calmo, tinha sido elogiado na escola, ou seja, percebia muitas mudanças em seu comportamento, mostrando que a conversa havia produzido um efeito positivo sobre ele.

Fernanda interveio e mencionou que isso tinha acontecido graças a ela, que pôde escutá-lo, "aguentar suas angústias e temores". Relatou ainda que, ver o filho chorar pelo abandono da mãe biológica, vê-lo perguntar qual a razão do abandono, tinha sido muito doloroso, mas ao mesmo tempo tinha feito dela uma "mãe de verdade", "confiável", "que não mente" e é capaz de suportar um filho que chora, que sofre, enfim, um filho de carne e osso e não uma ficção.

Marcelo ficou vermelho de raiva, perguntou à esposa se ela estava insinuando que ele "não era um pai de verdade e que queria um filho ficcional". Ela friamente respondeu que ele poderia entender como quisesse, que não se daria ao trabalho de responder.

Marcelo calou-se, mas era perceptível sua raiva dirigida a Fernanda.

Rosana disse ao casal mais uma vez que a raiva, o rancor a as diferenças entre eles represadas estavam sendo expostas.

Fernanda reconheceu ser isso mesmo e alegou não ter mais motivos para não dizer o que pensava.

Marcelo, lívido, mudou o assunto e perguntou diretamente a Rosana se ela concordava com o que tinham feito. Rosana, sem entender muito bem a pergunta, indagou se ele falava sobre terem contado da adoção.

Ele confirmou. Em seus pensamentos, Rosana considerou que aquele pai pedia aprovação para seu comportamento. Ele vivia incomodado com isso e ao mesmo tempo provocava Rosana para que referendasse ou não suas iniciativas.

Ela perguntava-se:

"Será que ele precisa ouvir-se por meu intermédio no que se refere a pensamentos e sentimentos indizíveis?"

"Ou ele quer somente confirmar se seguiu corretamente minhas instruções?"

Rosana decidiu dizer ao pai que ele parecia ter cumprido uma receita médica e, feito isso, resolveu encerrar o assunto. Acrescentou que, ainda que tivesse contado, não tratava do assunto com naturalidade e a adoção parecia incomodá-lo muito.

Marcelo negou, alegando que seus assuntos pessoais seriam tratados em sua psicoterapia.

Enfatizou o fato de Marcos já saber a verdade e tinha a certeza de que o menino nunca mais tocaria no assunto, ou perguntaria qualquer coisa a respeito.

Fernanda quase gargalhou e ironicamente disse:

"Você não muda".

Marcelo sombriamente voltou-se para a esposa e, olhando-a nos olhos, falou:

"Acho que é chegada a hora de tomarmos uma decisão:

quero o divórcio".

Fernanda respondeu que concordava, mas lá não era o local para tratarem desse assunto.

Rosana interveio e alegou que qualquer decisão tomada não deveria ser influenciada pelas emoções do momento. Segundo ela, deveriam refletir e se assegurar do que realmente queriam para suas vidas.

Rosana percebeu que o casal não conseguia mais se entender, pareciam caminhar em estradas diferentes, não mais se encontravam. O pai sentia-se ameaçado e fechava as portas para qualquer menção posterior que se referisse a adoção. Tamponava a verdade por meio de idealizações, fantasias, nas quais tudo estava perfeito com seu filho e com ele mesmo.

Já a mãe mudara muito, estava consciente de seu papel e percebia quanto era natural o garoto ter dúvidas relativas à sua origem e que essas teriam que ser respondidas e respeitadas.

Os três trocaram mais algumas palavras e o atendimento foi encerrado.

15 ANOS DEPOIS

ROSANA

Muitos anos se passaram, mas o caso de Marcos nunca foi esquecido por Rosana. Ao contrário, foi objeto de estudo e pesquisa durante muito tempo.

A psicóloga muitas vezes se perguntou:

"O que teria acontecido com eles"? "Marcos como estaria"? Mas não tinha respostas para suas indagações.

Rosana publicou um livro sobre outro assunto e, no dia do lançamento, por coincidência, encontrou na livraria Fernanda e Marcos. Eles se reconheceram e conversaram.

E DEPOIS

MARCELO

Marcelo e Fernanda tinham se separado de comum acordo. O casamento se desgastara.

Não tinha sido uma decisão fácil para nenhum dos dois. Tinham feito tantos projetos juntos que a separação era o mesmo que se separarem de si mesmos. Marcelo sentia como se uma parte sua estivesse morrendo. Por muitos meses, viveu esse luto, uma mistura de raiva, medo, desespero. No final, tudo passou.

Marcelo, ao longo dos anos, teve uma carreira ascendente

e tornou-se o presidente de uma grande empresa multinacional. Refez sua vida e casou novamente. Sua esposa tinha uma filha do primeiro casamento. Marcos, desde a separação, passava um final de semana com a mãe e outro com o pai. Ambos tinham afeto e respeito um pelo outro. Mesmo assim, Marcelo não falava sobre a adoção. Marcos também não solicitava mais nada a esse respeito.

FERNANDA

Fernanda também casou novamente e tinha uma filha da segunda união. Retomou sua carreira como arquiteta. Vivia bem com o marido, Marcos e a filha. Após terem contado sobre a adoção para Marcos, pôde de fato se apropriar da maternidade. Não sabia explicar bem o que havia acontecido. Mas para ela essa abertura fez com que se sentisse livre. Seu relacionamento com Marcos mudou e ele mudou com ela. Tornaram-se amigos, confidentes, muito próximos.

O desejo de separar-se de Marcelo no início era inconfessável, não conseguia dizer isso nem para ela mesma. Depois teve medo de que a separação pudesse afetar Marcos, mas, à época, sentia-se capaz de conversar com o menino, de explicar a ele seus sentimentos. O garoto compreendeu. Marcos foi morar com ela e, por um bom tempo, permaneceram assim: somente os dois. No trabalho conheceu o atual marido. Teve medo: "Como Marcos o aceitaria? Será que aceitaria?"

Mas tudo aconteceu de maneira satisfatória. Marcos aceitou-o, recebeu de braços abertos sua irmã e tem um ótimo relacionamento com o padrasto.

MARCOS

Marcos tornou-se engenheiro como seu pai. Para ele, as lembranças do atendimento psicológico são muito vagas. Tem uma memória afetiva, sensitiva. Lembra-se de algum desconforto, do medo, do momento em que seus pais contaram sobre a adoção, de como ficou grato à sua mãe, achando-a maravilhosa, sem mesmo saber por quê.

Não se ressentiu com a separação de seus pais. Já a esperava e, num certo sentido, até preferiu que fosse assim, livrou-se das brigas e do clima pesado que havia em sua casa.

Foram dias angustiantes por um lado, mas felizes por outro: o desconhecido, a mudança, o apartamento novo, duas casas, e tudo que aconteceu depois.

Aos 15 anos, começou a questionar os pais a respeito de seu desejo de procurar os pais biológicos. Seu pai não o proibiu, mas não o estimulou. Sua mãe, embora assustada e temerosa, disse que o ajudaria.

Ambos viajaram para Santa Catarina, foram ao hospital no qual ele havia nascido, mas não conseguiram nenhuma informação concreta, apenas o nome da mãe biológica. Quando voltaram a São Paulo, Fernanda contratou um detetive que também não conseguiu localizar nenhum familiar de Marcos.

O LIVRO

Este livro, embora baseado em minha dissertação de Mestrado, é uma obra ficcional. Iniciei este livro lembrando os mitos, pois estes oferecem perspectivas que se aproximam dos casos de adoção na vida cotidiana e, por essa razão, ajudam a nós, psicólogos, na reflexão sobre nossa atuação profissional. Muitos de nós, atendemos em nossos consultórios ou conhecemos em nossas relações pessoais casos de adoção nos quais a criança sentia haver um segredo em sua vida. Os mitos, a literatura existente sobre adoção e minha experiência clínica ajudaram-me a reconhecer uma das questões fundamentais para o ser humano que marca particularmente os casos de adoção: a pergunta sobre a origem.

Cabe esclarecer ao leitor a modalidade de atendimento realizada no caso narrado. Trata-se do processo de Psicodiagnóstico Interventivo. A concepção de ser e mundo que subjaz a essa prática entende o ser humano como um ser relacional que se compõe junto com outros, cuja subjetividade se constitui nas relações, assim como postula a fenomenologia existencial. Assim, não só a criança que apresenta o sintoma é atendida, mas também seus pais.

Foram precursoras desse tipo de processo: Fischer nos EUA, nos anos 70, e M. Ancona-Lopez, no Brasil, na década de 1980. Tal atendimento rompe com padrões vigentes até aquela época, fazendo do atendimento Psicodiagnóstico um processo ativo e cooperativo. O psicólogo não somente investiga a queixa, como também promove as intervenções que o caso demanda. Estas não são realizadas somente com a criança, mas também com seus pais.

De acordo com Donatelli (2013), as intervenções no psicodiagnóstico interventivo se caracterizam fundamentalmente por devolutivas acerca do mundo interno do cliente. Aparecem sob a forma de assinalamentos, pontuações, cujo objetivo é que os pacientes encontrem novas possibilidades de compreensão para suas experiências, de modo que possam apropriar-se de algo sobre si mesmo que anteriormente não era possível.

Nesse atendimento, os pais são vistos como colaboradores e têm uma participação ativa no processo. As informações que trazem são importantes para o psicólogo, pois se referem a um conhecimento vivencial. Já o psicólogo tem um conhecimento técnico e a junção desses dois saberes poderá produzir uma nova forma de compreender a criança e sua família. Não é somente o psicólogo quem detém o poder, a relação entre psicólogo e cliente é horizontal, e não vertical.

A partir dessa premissa, os clientes compartilham com o psicólogo suas vivências e o psicólogo compartilha com eles suas impressões, pautadas na teoria e técnica. Os clientes e o psicólogo são responsáveis pelo resultado final do psicodiagnóstico, ou seja, a compreensão do psicólogo sobre o caso tem que fazer sentido para o cliente.

Esse processo é descritivo, não pretende classificar os clientes quanto às patologias, mas sim descrever aquele momento da vida da pessoa.

No caso narrado, o processo caracterizou-se por entrevista inicial, entrevista para conhecer a história de vida da criança e sua família, entrevistas devolutivas, observação lúdica, técnica de desenho livre.

REFLEXÕES SOBRE ADOÇÃO

Em certa época da minha vida profissional, atendi vários casos de adoção e me interessei pelo assunto. Minha busca inicial foi procurar na literatura as respostas ou subsídios que me possibilitassem melhor compreensão dos meus clientes.

Verifiquei que o assunto já tinha sido objeto de estudo de vários profissionais na área da saúde (psiquiatras, psicólogos e pediatras). Entre outros, encontrei tipologias e classificações referentes à figura materna. Recentemente, revisitei a literatura sobre adoção e percebi que esse tema continua suscitando considerações.

Deutsch (1945) menciona os tipos de mulheres que adotam e por que o fazem. Estabelece uma relação entre as causas da adoção e os tipos de mulheres.

Scheehter (1967) descreve fatores de natureza social, cultural que influenciam a adoção e tece considerações sobre a esterilidade e suas consequências.

Piccini (1986) e Gilbert (1981) focalizaram as dificuldades da relação criança/ pais, partindo da ideia de que as crianças adotivas viriam preencher as carências dos pais. Gilbert (1981) referiu-se à questão da origem na adoção, tendo em vista a perspectiva biológica. Lima Moura e Andrade Moura (2014) entendem como um dos fatores que contribuem para que não se negue a origem da criança a motivação dos pais. Para eles, a busca pela adoção precisa "basear-se no desejo de ter um filho, sem depender da gestação biológica". Peiter (2016) coloca uma frase em seu livro que considero importante. A autora diz ser necessária uma reflexão e que narrar a "história da criança se entrelaça com a história vivida pelos pais adotivos, eventualmente trazendo desafios a mais para esses pais".

Mais recentemente, Schettini Filho (2017) atribui a negação da origem da criança por parte dos pais adotivos ao fato deles não terem participado da geração biológica dos filhos e quererem banir da história da criança tudo o que aconteceu antes da adoção.

Por último, a leitura dos autores, as diferenças e semelhanças dos pontos de vista, me fizeram refletir mais atentamente sobre meus clientes e estabelecer alguns paralelos entre pais adotantes/criança adotada e pais biológicos/criança biológica.

Quando há uma gravidez biológica, os pais têm oportunidade de se preparar para a chegada de um filho, uma vez que este deflagra mudanças no ambiente familiar a partir do momento de sua concepção. Ao longo da gestação, o casal conversa sobre a criança, fala de suas fantasias, medos e expectativas em relação a ela, no que tange a aspectos físicos e psíquicos. E, frequentemente, as fantasias dos pais durante a gestação são permeadas por temores quanto à criança nascer perfeita ou não, e quanto ao parto propriamente dito. É um período delicado em que o passado e o futuro se fundem no processo de viver o papel de filhos e o papel de pais.

As transformações que ocorrem no corpo da mãe vão paulatinamente introduzindo uma nova presença. Passa-se de uma referência abstrata para uma mudança concreta. O que antes era sentido como uma possibilidade, torna-se uma realidade. O feto é acompanhado no seu desenvolvimento, evolução e modificação. O exame pré-natal, sua periodicidade, permite a visualização do bebê e outras informações que são tranquilizadoras para os pais. Nesse período, reflete-se também a respeito dos antecedentes das duas famílias.

O nascimento é uma vivência traumática para o bebê, por romper a vida intrauterina. Novos estímulos são repentinamente apresentados ao bebê. No entanto, nos filhos algumas características se mantêm: a mãe biológica, na maioria das vezes, é a mesma que cuida, embala, amamenta.

Mattos e Nunes (1979) ressaltam com grande propriedade que o ser humano ao nascer é totalmente dependente tanto no que diz respeito às suas necessidades físicas quanto às psíquicas. As funções da maternagem desempenham um papel altamente significativo no desenvolvimento presente e futuro da criança. O ato de mamar estabelece vínculos essenciais a essa relação. Não se trata somente de um ato nutricional, mas sim de uma experiência a partir da qual a vivência do mundo se inicia para o bebê. Ela põe em funcionamento os órgãos dos sentidos e propicia um contato íntimo da criança com outro ser humano, descortinando sensações prazerosas ou desprazerosas. Para a mãe, amplia–se o conhecimento desse outro ser e o sentimento de responsabilidade por ele, pois é ela quem alimenta, cuida e sustenta afetivamente a criança. Ao fornecer seu leite para o bebê, sente-o como um prolongamento de si mesma, experiência que é equivalente para a criança.

No decorrer do desenvolvimento da criança surgem fantasias, sentimentos de amor e de culpa, perguntas como: "Que tipo de pessoa eu gerei"? Muitas vezes é tão penoso olhar os problemas que surgem as culpas subjacentes, que os pais tendem a explicar as dificuldades ou patologias projetando as responsabilidades nas famílias do cônjuge.

Os pais adotantes na maioria das vezes também se preparam para a chegada do filho, entretanto isso acontece de outra forma. Mesmo quando o casal se prepara para a adoção, ela acontece quase sempre abruptamente, uma vez que depende de fatores externos a eles: uma mãe que dê à luz e se disponha a dar a criança ou um processo judicial que permita a adoção.

No início de vida do bebê, raramente é a mãe biológica quem cuida dele, muitas vezes há outras cuidadoras antes da adoção. Há quebras, não há continuidade no ambiente no qual se deu a sua formação, o corpo que o gerou não é o mesmo que o acalenta, alimenta e conforta.

A mãe adotiva raramente pode amamentar a criança no peito. Ela o faz por meio de mamadeiras e busca nutri-lo dos pontos de vista físico e psicológico, dando calor, afeto e segurança. Dessa forma, introduz a criança no mundo, faz com que tenha as vivências necessárias ao seu desenvolvimento. Assim, o papel da mãe cuidadora é essencial, mas, apesar disso, a criança sofreu uma descontinuidade em sua história de vida, uma ruptura nos vínculos.

As dificuldades usuais que surgem ao longo do desenvolvimento infantil despertam questões específicas nos casos de adoção. Problemas ligados à agressividade, à dificuldade escolar, à agitação levantam dúvidas referentes à herança biológica. Dessa forma, as fantasias sobre a família original da criança adotiva influenciam as relações ente pais e filhos.

Em muitos casos, tanto pais adotantes quanto crianças adotivas podem não se sentir integrantes da mesma família, pois a herança biológica da família original permeia suas relações.

Em resumo, nas diferentes fases do desenvolvimento humano, os pais adotantes usualmente suprem a criança como o fazem os pais biológicos e as diferenças não parecem determinantes. No entanto, a única coisa que os pais adotivos nem sempre podem garantir é a origem.

Na maioria dos casos que atendi, observei que a queixa trazida pelos pais não se referia em princípio à adoção. Entretanto, após a primeira ou segunda sessão, a questão da adoção aparecia com grande intensidade, acompanhada de angústia. Era como se a queixa de fato fosse a adoção; no entanto, ela vinha representada por um sintoma, para depois aparecer. Por fim, ficava claro tanto para mim quanto para os pais como a adoção era um acontecimento de grande importância em suas vidas e que os temores e angústias dela decorrentes precisavam de um espaço para serem explicitados.

Para viver, o ser humano está imerso numa determinada cultura, num certo grupo social, originando-se de determinados pais. Uma vez lançado no mundo, abre-se para ele um leque de possibilidades, muitas das quais ele escolhe no decorrer de sua vida. Cada escolha envolve responsabilidade e renúncia. Quem adota muitas vezes quer evitar o confronto com a verdade sobre a adoção, não quer que a criança saiba a respeito de sua origem. O segredo, a mentira, assemelha-se à desresponsabilização pela escolha feita e deflagram angústia e culpa. A angústia é ameaçadora, o mundo perde o sentido costumeiro, habitual. Mas nela há também possibilidade de abertura, pois a pessoa encontra-se com ela mesma, com o que lhe é mais próprio.

Em nossa cultura, espera-se que as pessoas casem e tenham filhos. Essa expectativa é uma força intensa e se reflete nas pessoas, que nem sempre se questionam se é o que realmente querem.

Confrontar-se com o limite de não ter filhos é defrontar-se com a imperfeição e a morte, pois a procriação traz num certo sentido a permanência após a morte, por meio das gerações.

O filho adotado não garante a continuidade necessária no sentido de compor uma história linear, organizada no tempo: passado, presente e futuro. Assumi-lo como adotado é reconhecer a ruptura e, mais que isso, entrar em contato com a percepção de que criança estará para sempre impregnada pelos traços de caráter gerados a partir de uma história biológica que não a dos pais adotantes.

Na história de Marcos, várias dificuldades apareceram no atendimento psicológico, quando conteúdos ligados à adoção surgiam e os pais não queriam contar a verdade para a criança, ainda que fossem orientados a fazê-lo.

Marcos, em diferentes produções durante o atendimento psicológico, referiu-se a um mundo duplo, ambíguo, que produzia nele uma confusão quanto à sua própria identidade. Parecia haver nele algo como uma lacuna, uma carência, uma falta, um lugar obscuro, que nenhuma intervenção terapêutica parecia atingir. A psicóloga entendia a comunicação do menino, seu pedido de socorro, mas não conseguia ajudá-lo, pois estava "proibida" de falar sobre a adoção pelos pais adotantes. Assim, ela se tornava cúmplice de um segredo que angustiava a criança. Ela percebia que Marcos sentia-se mais uma vez enganado, ou seja, sob a promessa de um relacionamento confiável, se deparava mais uma vez com a omissão e verdades parciais.

Rosana percebia que os pais adotivos não revelavam a verdade à criança, omitiam sua verdadeira origem, escondiam as verdadeiras condições nas quais a adoção se deu, porque se sentiam impossibilitados para fazê-lo.

Para eles, especialmente para o pai, revelar a adoção era entrar em contato com a angústia mais originária, a angústia de ser. Não era algo que ele pudesse fazer a partir da orientação de um profissional, por meio de um gesto ou um ato deliberado.

Nessa perspectiva, a questão da verdade na adoção assume outra dimensão. Não basta ter como preceito o fato de que "toda criança adotada deve saber sobre a adoção" e cabe aos pais fazer tal revelação. É preciso, antes, conhecer as condições a partir das quais a adoção se deu e qual o sentido a ela atribuído quando de sua ocorrência.

A adoção envolve as posições existenciais e pessoais de cada uma das figuras parentais adotantes. E podem culminar em grandes dificuldades no relacionamento familiar. Refiro-me aos casos, como o de Marcos, em que pais e criança por razões diferentes não conseguem se apropriar de si mesmos, o que afeta a relação entre eles.

O relacionamento entre pais e filho caminha em duas paralelas, na medida em que o filho precisa exatamente daquilo que os pais não podem dar: o conhecimento da origem.

A história do atendimento psicológico também suscita reflexões.

Uma possibilidade de intervenção nos casos de adoção é a de desenvolver um trabalho psicológico preventivo com os pais. Este os aproximaria de seus desejos e motivações, bem como de suas angústias, referentes ao ato de não gerar.

Os pais adotivos têm que ter também ciência de que o acesso à origem é uma necessidade humana, direito de todas as pessoas. O reconhecimento dessa necessidade beneficia as relações familiares e propicia um ambiente confiável e adequado ao desenvolvimento infantil.

As adoções podem ser bem-sucedidas quando há relações harmoniosas e afeto genuíno entre os familiares, fato que possibilita o diálogo sobre qualquer tema, inclusive a origem da criança adotada. Quando isso não acontece, as relações ficam comprometidas e repletas de dificuldades, que podem chegar, em muitos casos, à devolução da criança adotada.

Em resumo, de acordo com a literatura consultada e com minha experiência profissional, destaco alguns aspectos que devem ser considerados pelos psicólogos que atendem casos de adoções.

1. O abandono pelos pais biológicos

As consequências desse abandono dependem de como a questão é tratada com a criança e sentida pelos pais adotantes. A palavra abandono pode assumir vários significados, mas todos têm uma conotação negativa. Sentir que foi abandonada, desamparada, pode trazer consequências emocionais graves para a criança e para os pais. Muitas vezes os pais querem recompensar a criança, poupando-a de muitas experiências, sendo excessivamente permissivos. O resultado é o oposto àquele que esperam, fazem com que a criança não se sinta filho realmente, pois o relacionamento é ficcional.

2. As motivações dos pais para a adoção

Para alguns pais, a adoção pode significar doação, caridade, o fato de fazer algo por outra pessoa. Para outros, como aconteceu na história de Marcos, o objetivo é evitar o confronto com a realidade de não poder gerar. Algumas pessoas adotam por estarem sós e precisarem preencher esse vazio em suas vidas. Muitos adotam simplesmente por quererem ter um filho, fazendo daquela relação algo sólido e real. Essas e muitas outras podem ser razões para a adoção, mas o fato é que cada uma delas traz consequências e, quanto mais a adoção for encarada em seus vários significados, mais ela será bem-sucedida.

3. A ruptura e reconstrução dos vínculos

Ainda que a criança seja adotada bebê, houve uma ruptura, pois o corpo que a abrigou durante meses não é o mesmo que a acolhe no presente. Isso se acentua quando a adoção é mais tardia. É necessário mais tempo para que o luto pela perda dos cuidadores anteriores se realize, de modo a que se instale uma nova vinculação afetiva. Nesse contexto, os pais também devem viver um luto, além da impossibilidade de ter filhos. É o luto por não terem gerado "aquele" filho. Enquanto permanecer a dor de não o ter gerado, a adoção não é plena.

4. A origem, ou melhor, a revelação da origem

Os fatores acima estão intimamente entrelaçados. Muitos

pais adotivos tentam esconder de seus filhos sua origem, como ocorreu com Marcelo, pai de Marcos. Essa necessidade decorre, na maioria das vezes, da motivação para adoção.

Não contar sobre a adoção, sobre a origem da criança, é subtrair parte de sua história, de sua biografia. No entanto, em algum nível de consciência o filho adotivo sabe sua história e percebe que há um segredo em sua vida, o que implica em dor e impõe barreiras no relacionamento entre pais e filhos.

A preparação dos pais adotantes é uma necessidade e não pode ser delegada a um segundo plano. As relações são vias de mãos duplas, portanto, muitas das reações das crianças adotivas dependem das reações dos pais adotantes. Isso implica no fato de que os pais devem ser preparados para a convivência com as crianças e também devem conhecer as suas próprias necessidades, bem como o significado que atribuem às suas experiências de adoção.

Por fim, o cuidado, o afeto, a aceitação e a apropriação são condições de possibilidade para a construção de uma verdadeira filiação.

REFERÊNCIAS BIBLIOGRÁFICAS

ANCONA-LOPEZ, M. Introduzindo O Psicodiagnóstico Grupal Interventivo: uma História de Negociação. In ______ (org.) **Psicodiagnóstico**: processo de intervenção, 3.ed., São Paulo: Cortez, 2002b.

DEUTSCH, H. The **Psychology Of Women.** New York: Grune & Stratton, 1945.

DONATELLI, M. F. Psicodiagnóstico Interventivo Fenomenológico- Existencial. In: ANCONA-LOPEZ, S. (org.). **Psicodiagnóstico Interventivo:** evolução de uma prática, 1.ed.- São Paulo: Cortez, 2013.

FILHO, S. L. **As Dores Da Adoção.** Curitiba, Juruá Editora, 2017.

GILBERT, E. **La Adoption** - Padres Adoptantes, Hijos Adoptivos, Los "Otros". Buenos Aires: El Cid, 1981MATTOS, E. T. E NUNES, R. C. S. O Pediatra e a Criança Adotada. In: MACHADO, D. **Ação Profilática da Pediatria.** São Paulo: Sarvier, 1979.

MOURA, G. L. e Moura, C. A. **Pai E Mãe De Verdade**. Editora Juruá, 2014.

PICCINI, A. M. A Criança Que "Não Sabia" Que Era Adotiva. In **Teoria e Pesquisa**. Brasília, 2,2 – Maio / Agosto,1986**.**

PEITER, C. **Adoção**: Vínculos e Rupturas: Do Abrigo À Família Adotiva. 2 ed., São Paulo, Zogodoni Editora, 2016.

SCHEHTER, M. D. Psychoanalytic Theory as it Relates to .Adoption. New York: J. Almer Psychoanal, 1967.